U0624873

文化和旅游产业与IP资源开发研究

钱　晔　著

北京工业大学出版社

图书在版编目（CIP）数据

文化和旅游产业与 IP 资源开发研究 / 钱晔著. —
北京：北京工业大学出版社， 2021.11（2022.10 重印）
ISBN 978-7-5639-8187-8

Ⅰ. ①文… Ⅱ. ①钱… Ⅲ. ①文化－旅游业发展－
研究－中国 Ⅳ. ① F592.3

中国版本图书馆 CIP 数据核字（2021）第 230796 号

文化和旅游产业与 IP 资源开发研究

WENHUA HE LÜYOU CHANYE YU IP ZIYUAN KAIFA YANJIU

著　　者：	钱　晔
责任编辑：	李天白
封面设计：	知更壹点
出版发行：	北京工业大学出版社
	（北京市朝阳区平乐园 100 号　邮编：100124）
	010-67391722（传真）　bgdcbs@sina.com
经销单位：	全国各地新华书店
承印单位：	三河市元兴印务有限公司
开　　本：	710 毫米 ×1000 毫米　1/16
印　　张：	11.5
字　　数：	230 千字
版　　次：	2021 年 11 月第 1 版
印　　次：	2022 年 10 月第 2 次印刷
标准书号：	ISBN 978-7-5639-8187-8
定　　价：	60.00 元

版权所有　翻印必究

（如发现印装质量问题，请寄本社发行部调换 010-67391106）

前　言

随着旅游业的蓬勃兴起和人们旅游需求层次的提高，文化型旅游产品越来越多地出现在人们的视野中。对IP（Intellectual Property，知识产权）进行开发运营，可以吸引原有粉丝并扩大粉丝群，推动产业升级转型。旅游与IP的结合，以IP内容为核心，旅游为表现形式，将更深层次地带动旅游业的长远发展。开发运营IP，精心进行文化创意、设计和体验可以赋能文化旅游产业。要着力开发地域特色IP资源，提升品牌形象，通过新媒体传播和培养高素质文化旅游人才等实践工程，推进文化旅游产业转型升级、高质量发展。

全书共七章。第一章为绪论，主要阐述了文化与旅游的关系、文化产业与旅游产业的内涵、文化产业与旅游产业融合的互动机制、文化和旅游IP资源开发的意义等内容；第二章为文化和旅游产业的现状分析，主要阐述了文化和旅游产业的发展背景、文化和旅游产业的发展现状、文化和旅游产业的发展趋势等内容；第三章为文化和旅游产业的资源分析，主要阐述了旅游资源和文化旅游产业资源、旅游资源和文化产业的分类、文化旅游产业资源的分类等内容；第四章为文化和旅游产业的管理分析，主要阐述了文化和旅游产业的行政管理、文化和旅游产业的经营管理、文化和旅游产业的品牌管理等内容；第五章为文化和旅游产业的融合发展，主要阐述了文化和旅游产业融合发展的可行性，文化和旅游产业融合发展的模式、原则与路径，国内外文化和旅游产业融合发展的经验等内容；第六章为文化和旅游产业IP资源的开发，主要阐述了IP的内涵与特征、国内外旅游IP的发展实践、文化和旅游产业IP资源的开发路径、文化和旅游产业IP的发展展望等内容；第七章为现代乡村旅游IP资源开发的策略，主要阐述了乡村旅游的发展演进、乡村旅游的发展模式、乡村旅游资源的分类、乡村旅游IP资源开发的策略等内容。

为了确保研究内容的丰富性和多样性，在写作过程中参考了大量理论与研究文献，在此向所涉及的专家学者们表示衷心的感谢。

由于作者水平有限，本书难免存在一些不足，恳请同行专家和读者朋友批评指正！

目　　录

第一章　绪　论

文化是旅游的灵魂，发展旅游是发展文化的重要途径，文化旅游必然是新时代人们对美好生活向往的集中体现，文化和旅游产业已经成为我国国民经济中发展速度最快和具有明显国际竞争优势的产业之一。本章分为文化与旅游的关系、文化产业与旅游产业的内涵、文化产业与旅游产业融合的互动机制、文化和旅游IP资源开发的意义四个部分。主要包括文化、旅游、文化旅游、文旅融合等相关概念，旅游产业、文化产业与旅游产业融合发展研究及融合的互动作用、互动机理及互动机制等内容。

第一节　文化与旅游的关系

一、相关概念

（一）文化

关于文化的解释，东西方存在一定的差异，但是有一个较为普遍的解释：与政治和经济相比，文化是人类所有精神活动及其产物。文化在《辞海》中的概念是：广义指人类在社会实践过程中所获得的物质、精神财富的总和；狭义指精神生产能力和精神产品。文化作为一种意识形态，代表了社会的政治和经济发展情况，同时也作为一种载体，对社会的政治和经济产生影响。文化带有民族性特色，从而出现文化与当地社会形态互相适应的现象。社会物质发展会促使文化进行演变，所以文化也就具有了社会物质生产过程中出现的连续性和历史继承性的特征。

（二）旅游

旅游在国际上的定义是艾斯特（AIEST）定义，即旅游是人们向既非永久定居地也非工作地的地方旅行，并在该地停留而引起的相互关系和现象的总和。不同于艾斯特定义，我国经济学家于光远认为旅游是居民表现出的一种短时间的、独特的生活方式，它的特点包括业余性、异地性和享受性。改革开放之后，我国经济发展迅速，人民对旅游这种生活方式越来越渴望并乐于接受。

（三）文化旅游

世界旅游组织（UNWTO）给出了文化旅游的广义定义，认为文化旅游包括旅游的各个方面，旅游者通过了解他地的历史和遗迹，可以深刻体会那个时代背景下的生活状况和思考方式；同时，世界旅游组织也给出了狭义定义，即人们出于文化动机而进行的移动，比如参观历史遗迹、研究自然、宗教朝圣、民俗和艺术等旅行。英国的《伦敦文化旅游发展愿景（2015—2017）》从多角度对文化旅游给出了定义，认为文化旅游是一种游客沉浸于文化体现中，并享受旅游服务的过程，游客沉浸在音乐、博物馆、美术馆、遗迹、文学等活动中，并通过最惬意的方式享受餐饮、住宿、购物等旅游服务。

文化旅游有两种概念：①泛指以参观文化为目的的旅游。比如感受特色传统文化、探寻名人遗迹、参加当地文化活动等。②指由于地域间的差异，不同地域之间文化碰撞、互动，最终交融的过程，这种概念下的文化旅游具有民族性、艺术性、神秘性、多样性、互动性等特征。

文化旅游作为新兴的发展战略，是时代发展的大势所趋。原因在于：随着社会的发展，城市若想保持活力，就必须以文化作为依托，以旅游为载体，这样生命力才能更加持久，才能绽放出更美好的未来；随着国家环保力度的不断加大，传统的重工业发展受到限制，而文化作为国家软实力，必将不断地开拓创新，带来巨大的经济效益和社会效益。

（四）文旅融合

文旅融合是一种整体称呼，将文化和旅游的发展当成一个整体去看就是文旅融合，利用文化增加旅游好感，利用旅游感受传播文化，从而促进两大产业的协同发展。

文旅融合，指文化产业和旅游产业反复渗透、重组，最终形成一个文化和旅游产业共同发展的复合式发展模式，该模式一方面可以助推旅游经济的高质量发展，同时也对传统文化的保护和传承起着重要的作用，使得两大产业能够实现双赢。与文旅融合相对应且共存的是文化消费，游客在消费文化产品的过程中也能够体验到文化气息以及文化魅力，在一定程度上能够满足消费者个人文化需求。从旅游资源所在地的角度出发，文化旅游对经济增长有着突出贡献。旅游开发可以带动文化资源利用率的提升，在不断创新和优化旅游产品的过程中，政府为旅游项目提供巨额资金支持，也为项目劳动服务以及相关辅助设施的建设提供资金支持，如此一来文化资源就从功能上转变为生产资本。通过项目开发以及产品包装的方式将文化资源打造为富含文化气息的旅游产品，文化资源由此能够以商品的形态参与到市场营销活动中，最终转变为开发的根本目的，即货币资本。从根本上讲，文化旅游产品的特点是资源耗用规模大、一次性投资，在后续的运营中可对其反复利用，通常情况下，某地区的文化资源融入了越多的文化价值，那么其产生的附加值也会越多，同时在后期的市场开发方面形成增值的概率也会越高。而从地区化的旅游市场角度看，文化质量高不代表其经济价值同样高，个别拥有很高文化价值的旅游项目其运营主体所获得的经济效益并不理想。因此在后期实施文旅融合时需要关注的是提高文化资源利用效率的同时也要产生相应的经济利益，这才是文旅融合研究过程中的要点所在。

二、文化与旅游的关系

国内关于文化和旅游的关系的认识最早由经济学家于光远提出，他认为旅游本身就是一种文化生活，旅游业是带有很强文化性的经济事业，也是带有很强经济性的文化事业。而后，多位学者探讨了文化和旅游的相互影响和相互作用关系，并有学者总结出旅游具有文化性质。

随着文旅融合理论和实践的发展，文化与旅游的关系可归纳为以下几种代表性观点：灵魂载体说、诗和远方说、资源市场说、魅力活力说等。不论是哪种观点，可以确定的是，文旅融合并非简单的相加，而是深度的相融。文化与旅游有融合的优势和基础，也有差异。通常来说，旅游是有市场缺内涵，文化是有内涵缺市场。文化和旅游不应有主次之分，而应在正确处理好两者关系的前提下，寻求两者的互补与整合。值得注意的是，文化和旅游不能机械地互补，也不能生硬地整合，两者是相伴相生、同兴同融、不可分割的。

（一）文化是旅游的基础和源泉

文化构成中的社会文化活动、环境与自然、文化遗产等都是重要的旅游资源，其他的如文艺创作、广播电视、新闻服务等也跟旅游有直接或间接的关系。旅游业要做到健康可持续发展，务必要高度重视开发利用文化资源，不断提升其中的文化品位和内涵。进行旅游活动，不但可以让游客提高对相关文化的认知，促进文化的传承，而且还能实现文化资源的保值、增值和创新，进而为文化的传承、发展和创新提供强大的物质基础。

文化是旅游资源的魅力之所在。一些文化资源只要结合适当的创意进行开发，就完全可能成为富有吸引力的旅游产品。

文化是旅游企业发展的内在源泉。一个文化浓郁、底蕴深厚的旅游企业，一定能做到对外可以吸引顾客、获得效益，对内可以团结员工、凝聚人心，从而促进企业兴旺发达。

文化交流是旅游业实现效益提振的重要途径。文化交流可帮助旅游客源地和旅游目的地提高其经济效益，让旅客增长见识、开阔眼界、加强沟通、增进了解、提升友谊，提高社会效益。

（二）旅游是文化的重要载体

旅游是实现文化娱乐功能与教化功能的载体，是优化文化、挖掘文化、保护文化和丰富文化的有效途径。从本质上说，旅游是精神享受，更是文化体验，是文化分享与文化认知的重要形式；而文化则需要通过旅游这种载体来传承和创新。

旅游能够挖掘文化，文化的积淀有利于旅游业的发展，旅游业的发展也促进了文化的挖掘。

旅游还能够对区域文化进行有效保护。旅游开发项目中要注意文化的渗透和保护，还要重视文化的挖掘和开发。

旅游提升区域文化。旅游创新的目的是促进文化内涵的不断丰富、文化品位的不断提升和文化底蕴的不断积淀。

（三）旅游是一种文化传播

旅游与文化的关系源远流长，二者密不可分。旅游的过程是旅游主体离开居住地借助旅游介体前往目的地经历文化、体验文化、欣赏文化的过程，旅游客体与旅游主体之间发生文化碰撞，不断进行文化的交流、分享和传递。故此，旅游活动是一种文化传播，旅游主体、旅游介体和旅游客体无不在传播文化。旅游活动体系三大要素参与文化传播的具体过程及旅游与文化传播结构框架，如图1-1所示。

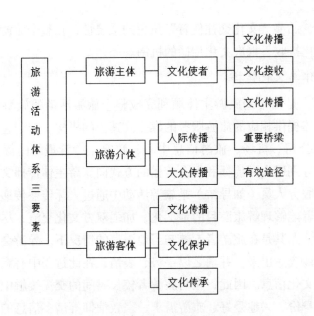

图1-1 旅游与文化传播结构框架

文化传播能力与一个地方文化的影响力直接相关，一个地方文化的影响力，不仅取决于其内容是否具有独特魅力，而且取决于这个地方是否具有先进的传播手段和强大的传播能力，而旅游作为文化传播的载体，能更好地使文化理念和价值观念广为流传，更有力地影响经济发展。在"一带一路"和协同发展等国家倡议的带动下，文化旅游产业发展将进入一个前所未有的黄金期，将面临许多发展新机遇。

1.旅游主体与文化传播

旅游人类学家瓦伦·L.史密斯（Valene L. Smith）认为，旅游是一项特殊的社会文化交往活动，旅游者在旅游活动中充当着"文化交往使者"的重要角色。作为旅游主体，旅游者在旅游活动的过程中无时无处不在传播着文化。首先，从居住地出发，将自身的价值观念、思维方式、道德规范、语言、宗教信仰以及服饰风格等可见或不可见的文化信息不经意地传播到旅游目的地，然后在游玩中会与旅游服务人员、其他旅游者和当地居民沟通交流，输出自身文化的同时也在体验目的地文化，包括欣赏旅游风光、品尝特色美食、体会风土人情、购买旅游纪念品等。不少旅游者会将旅游照片、游记分享到社交平台，之后返回居住地将蕴含文化元素的旅游纪念品送给身边的亲朋好友。这一系列的分享行为都起到了传播文化的作用，凸显"文化交往使者"角色的重要性，在整个旅游活动中形成了文化传播—文化接收—再次文化传播的机制。

2.旅游介体与文化传播

旅游介体，是指帮助旅游主体顺利完成整个旅游活动的旅游机构、部门，专门为旅游主体提供相应的旅游服务的媒介。其中的机构、部门包括旅行社、酒店、线上旅游公司、机场、旅游信息中心、政府旅游管理部门等。在旅游活动中，旅游介体分别以人际传播和大众传播的方式向旅游主体传播文化。各机构、部门中的旅游服务人员（如导游）是旅游活动中通过人际传播传递文化的重要角色，是使旅游者能够理解旅游目的地文化，加强双方文化交流，尽量避免文化冲突的重要桥梁。尤其是在旅游者不熟知当地语言的情况下，导游会以旅游者的通用语生动形象地表达出来，并辅之以手势、表情，在此过程中有意或无意地向旅游者输送当地文化信息。因此，在与旅游者较长时间的交流接触中，导游通过对旅游者的职业身份、兴趣爱好、旅游需求、宗教信仰等诸多信息的了解，使用语言、肢体、表情等形象化的表达，向旅游者传递通俗易懂的当地文化，从而使得旅游者更好地理解当地文化，减少文化偏见。当然，除了导游以外，景区服务人员也是文化传播中不可或缺的重要角色，他们不仅具备导游的功能，而且更加了解当地的旅游资源、风土人情、风俗习惯，能够大大加深旅游者感受文化、体验文化的程度。比如，坐落在我国西南地区的西江千户苗寨，是由苗族人民组成的少数民族村寨，如今已成为闻名中外的旅游景区，除了少数年轻人外出务工，绝大部分居民选择留在苗寨里担任旅游服务人员，通过专业的职业培训后向外来旅游者讲解西江文化历史，传播当地独特的少数民族文化。通过当地居民的细致讲解，旅游者对西江千户苗寨的文化了解会大大加深，在传播文化的同时也提升了旅游者的体验价值，借助旅游者的良好口碑进一步传播西江苗族文化。

旅游活动中的大众传播也不失为向旅游者传播文化的有效方式。比如，携程、驴妈妈等线上旅游公司会在旅游官方网站发布全球各个国家、各个地区的旅游景点信息，通过游记分享、路线指南、景区图片以及在线评论等一系列信息吸引旅游者眼球，向旅游者介绍旅游景点，借助公众媒介手段有效扩大了旅游目的地的文化传播范围。此外，旅游是民族文化对外传播的重要窗口，因而各个国家会设立旅游相关部门以宣传国家形象，积极举办大型国际活动。借助大型活动塑造国家形象，传播国家文化，这是世界范围内文化传播与交流的重要途径。

3.旅游客体与文化传播

旅游客体，是吸引旅游主体前往目的地的旅游资源，按照基本属性主要分为自然旅游资源、人文旅游资源、服务旅游资源三大类。内涵丰富的旅游资源往往具备历史文化价值、艺术欣赏价值和科学研究价值。旅游资源是吸引旅游者前往旅游目的地的主要原因，是旅游者经历当地文化、获取当地文化、感知当地文化的必要来源。因此旅游资源在旅游活动中具有强烈的文化传递性，体现出文化传播的重要功能，并且起到了文化保护与文化传承的作用。

综上所述，旅游活动体系三要素——旅游主体、旅游介体、旅游客体都具备文化传播的功能。第一，旅游主体充当"文化交往使者"，在整个旅游活动中形成文化传播—文化接收—再次文化传播的机制；第二，旅游介体分别以人际传播和大众传播的方式向旅游主体传播文化，旅游服务人员是加强文化交流的重要桥梁，而大众传播是世界范围内文化传播与交流的重要途径；第三，旅游客体具有文化传递性，能够传播文化、保护文化、传承文化。

（四）文化和旅游的融合

文化和旅游紧密关联。第一，文化和旅游融合顺应了时代的发展；第二，两者的融合推动了文化产业的良性发展，这使得旅游文化价值逐渐增加。在旅游文化基础上进行多种形式文化创造能够有效实现文化传承，推动区域经济发展。文旅融合不能仅凭理论知识来开展，还需要一定的经验和创新性理念，并依据科学技术来开展。在大数据和云计算蓬勃发展的今天，文旅产业可以依据这些高新技术进行产业升级，并逐步提高经济效益。因此，两者融合、共求双赢，已成为文化和旅游产业的不二选择。

文化可以视为旅游项目建设的灵魂所在，而旅游项目可以看作文化传承的具体载体，两者之间紧密关联。

第二节 文化产业与旅游产业的内涵

一、文化产业

（一）概念及内涵

最早提出"文化产业"的是霍克海默，此后该名词迅速在全球范围内得到推广，此时期大部分的研究文献，均注重分析文化商品的概念定义及其对社会消费形成的影响，随后不断扩展到对文化产业乃至其他的各个环节中。

文化产业可以通过市场运作的方式实现文化传承和推广，从而为精神文明建设提供推动力，它本质上是一种产生于新时代的经济行为，且十分关注产业中的精神层面内容。

文化产业并无明确的产业边界，它对应的市场工业产品与设计工作、营销工作存在直接关联，且注重功能实现。其中与文化制品规模化、规范化制造相关的产业可以视为核心文化产业，如广播产业、电影产业。随着时间推移，文化产业也能够和其他相关产业进行结合，在新社会环境下形成交叉产业，如文化旅游业、文化农林业等。产业融合、行业交叉已然成为一种时代趋势。

总体而言，文化产业是一项以文化资源开发利用为基础，能够制造文化产品且为市场提供物质层面、精神层面内容的新兴经济产业，以生产和提供精神文化产品为主要活动，可以为精神文明建设带来积极影响，且有助于展现出产品文化价值，并满足人们的精神需求。文化产业参与主体主要有第三方社会机构、文化娱乐单位、专业经济机构等。

（二）文化产业发展研究

国外的研究主要以文化政策的目的、功能作用、重要性为出发点深入分析与调研政策对于文化产业的作用机制。克兰（Crane）从文化一体化的角度出发，研究了美国影视行业在国际影坛中的影响力，并著有相关文献，他表示国家推出的电影政策在一定程度上从正面推动了电影行业的发展，为电影业的成功提供了政策性保障。贝尔（Bell）及其团队编著了《文化政策》（*cultural policy*）一书，书中强调文化政策构建与执行的规则相符合的前提是政府将文化政策纳入政策议程范畴，通过各类执行政策的构建与实施才可保障文化政策具有实用性。涂尔干表示文化政策的本质为文化的市场性约束，即在人们使用和享受文化资源时，对使用者的行为与思想形成约束，假如行为与约束条件表现为一致，则无法体验到文化带来的压迫感，而如果我们尝试对抗时，文化政策的力量将被清晰地体现出来。

孙忠明在《谈乐山市特色文化品牌项目建设》中从文化多样性、地域特色文化、维护生态平衡、文化创新四个方面分析"一个县域一个特色、一个品牌"的地域性特色文化项目开展。周建军在《论特色文化产业的内涵和发展途径》中指出，特色文化产业依托于区域特色文化资源。谢名家在《文化产业创新与经济发展方式转变》一文中探讨中国特色文化产业的创新机制和战略性调整。李思屈在《中国形象战略的文化、经济与政治内涵》一文中表示应当利用文化产业的含义全面解释创意型城市、我国文化产业目前的发展状况与品牌战略发展相关的现象。李俊霞通过研究西部地区产业集中化发展状况，对该地区特色文化产业战略发展进行了深入的研讨。齐勇锋选择特色文化作为研究对象展开研究，并表示民族文化以及地区传统文化是特色文化产业发展的基础和关键。

二、旅游产业

（一）概念及内涵

旅游产业是以旅游资源为载体，通过开发旅游资源、完善基础设施、提供基础服务等，达到游客群体在游览过程中对各项服务期许的产业。近年来，旅游产业形成了一条紧密的产业链，并不断延长，辐射的其他产业不断增多，旅游领域与其他领域之间的交流互动也随之增加。从整体角度而言，旅游产业旨在去满足顾客从决定开始旅游到结束旅游的整个过程中的各种需求，如住宿、餐饮、交流、景区、购物、休闲等，此外也涉及农业、建筑、保险、社交媒体、体育活动、传统文化等。学术界指出旅游活动是指民众出于休闲、观光、商务、学术研究等原因离开自身所在地，前往其他地方且停留时间不多于12个月的活动。由此可见，旅游产业是一个覆盖范围广、业务覆盖率高、效益高的综合性产业。

旅游产业在发展过程中展现出文化属性，因为在开发旅游资源期间，能够凭借文化资源提升旅游项目文化内涵，通过文化效应吸引更多游客关注，使游客形成出游决策。旅游产业存在一定特殊性，是基于旅游资源开发和服务设施建设吸引游客前来，为游客提供日常所需及娱乐活动的产业。通常旅游产业的发展基于一定经济基础上，是社会经济发展到一定程度的时代产物。旅游产业从另一个层面来解释，就是游客群体在旅游资源开发者或旅游项目经营者提供的具有一定特色的产品或服务中获得物质享受或文化享受的一个过程。由于消费者性别不同，加上每个消费者的文化背景存在差异，从更深层次的角度考虑，思考问题的方式也不尽相同，同时，在旅游消费时不同消费者的需求和诉求也存在差异，因此有必要从多个角度进行旅游产业分析，只有将目的地、服务体以及客源进行综合性分析，才可以有效进行旅游产业塑造。

（二）旅游产业发展研究

对于旅游产业发展的研究，作者搜索国外学者关于这方面的研究，对于这方面的研究还很少，并且仅仅局限于理论方面的研究。例如，特诺克（Turnock）针对促使旅游产业形成良性健康发展的影响要素展开全面分析，并表示旅游产业的健康发展离不开政府财政扶持。理查德·夏普利（Richard Sharpley）研究了塞浦路斯地区乡村旅游项目的建设与开发，他表示政府的协调与支持是该项目得以健康发展的重要支撑，并对旅游产业发展中存在问题的优化措施作了总体论述，为其他旅游项目开发提供了一定借鉴。卡骆驰（Croes）探讨了旅游产业发展和旅游竞争力的关系，他认为旅游和其他行业一样，也存在竞争力，并且这种竞争力是很复杂的。

在国内，王兆峰采用区位熵、多样化指数和系统熵三个指标对张家界旅游产业的整体发展情况进行了实证分析，认为该地旅游产业结构不稳定，专业化程度较低，严重制约了旅游产业的进一步发展。李先跃在《中国文化产业与旅游产业融合研究进展及趋势——基于Citespace计量分析》一文中对旅游产业高质量发展的内涵和机理方面进行了探讨。孟祥兰和邢茂源在《供给侧改革背景下湖北高质量发展综合评价研究——基于加权因子分析法的实证研究》一文中分析了旅游产业具备高质量发展的两个先决条件。赵书虹和陈婷婷在《民族地区文化产业与旅游产业的融合动力解析及机理研究》一文中归纳了民族地区旅游产业高质量发展的特征及影响因素。王新越、芦雪静和朱文亮在《我国主要旅游城市旅游业发展影响因素分析与评价》一文中对城市旅游产业高质量发展的标准提出了自己的思考。王家明、闫鹏、张晶鑫、王玮和张云菲在《基于改进耦合协调模型的山东省农文旅产业协调发展研究》一文中提出要提升我国旅游业高质量发展的理论支撑，分析了其必要性，并且提出除去技术层面的工作，还要提升理论探讨水平。

三、文化产业与旅游产业的内在联系

在现代经济的发展中，各个产业之间几乎存在一定的必然联系，我们可以分析产业间的相互影响程度，了解其联系的深度。在以往的社会历史中，绝大多数的地区都未形成成熟的旅游产业，然而人们却有着较为常见的旅游行为。以商业往来为基础的旅游行为是常见的形式，相对而言商业交流的频率具有规律性，在商业往来中被动或者主动的旅游行为，都使得不同地区之间的文化得到了交流与传播。如著名的丝绸之路经济带，不同区域之间的经济来往，就促成了许多直接、间接的文化交流。可以说，在旅游行为的初始阶段，它对区域的文化交流发展就有所促进。在现代社会中，随着经济发展水平的提升和交通便捷性的提高，旅游成为一种大众娱乐行为。在旅游的行为中，人们一般不能获得经济收益，同时需要通过消费行为维持在旅游区域的生活与娱乐。相对一般的生活状态而言，处于旅游行为中的人往往更为放松，因此多数人的消费行为也会随之增加。旅游产业与文化产业之间的关系，正如旅游行为与文化之间的关系，彼此能够相互影响。

通过文化产业的发展，地区的旅游吸引力增强，旅游业得到发展，旅游业的收益又会反作用于文化产业，双方将长期处于一种相互促进发展的关系中。

第三节 文化产业与旅游产业融合的互动机制

一、文旅产业概念及研究现状

（一）文旅产业概念及内涵

文旅产业，即文化旅游产业，从字面上来看，文旅产业是文化产业和旅游产业相结合而形成的复合型产业。但是，究其内涵，文旅产业是完全不同于文化和旅游两大产业的新型产业形态，并不是二者的简单相加，而是互相渗透直至完全融合的关系。文旅产业是在文化和旅游高度融合的基础上发展起来的综合性新兴产业。

真正的文旅产业是为同时满足人们对文化和旅游双重需求而发展出的综合产业，其内涵应是文化能"旅游"，旅游有"文化"。可以说，文旅产业这种产业融合形式是一种产业间的互补和创新，文旅产业的主要形式是以文化赋予旅游底

蕴,以旅游赋予文化活力,文化和旅游两个产业在不断渗透融合过程中,诞生了文化旅游、旅游文化等一系列复合型的概念。这些概念既不能单纯从文化产业的角度来阐释,又不能只站在旅游产业的角度分析,这就明显地体现了文化和旅游已经从事实上融合为一体了。

文旅产业的形成是一个动态的过程,虽然文化和旅游从古至今关系一直很密切,但是其融合为一的过程可以说是非常缓慢的,历经文旅独自发展、文旅接触互利、文旅共生和文旅融合这四个明显的阶段。随着新时代通信技术和交通技术的快速发展,文旅融合的进程也不断加快,直到现在已经可以称之为文旅产业。

(二)文旅产业研究现状

许多国家在优化产业结构时,制定针对性措施,大力推广和普及文化创意旅游产业,用政策来鼎力协助经济的发展。同时,很多发达国家已经加大文化旅游的扶持力度,并在经济发展中制定了相关完善的方案和措施。

在界定文化旅游产业方面,克里斯普·雷蒙德(Crisp Raymond)将其界定为一种可以具有创造性的活动,在这个过程中,游客会有不一样的体验,有助于激发其潜能。加劳(Garau)认为在进行文化旅游创新的过程中,要从多个角度进行文化产品设计,并针对文化产业进行优化分析。理查德(Richards)提出,文旅的发展必须以大众文化为核心,有效增强东道主创作感,他认为文化旅游具有互动性影响,发展创意文化有重要价值。理查德还指出文化资源和旅游资源在开发过程中可实现耦合协调,这是由于农业资源与旅游资源存在一定概念交叉,能够结合当代发展需求,文化资源和旅游资源耦合协调是一种未来发展趋势。有学者在研究旅游业和政策的内在联系时,利用层次分析方法,以韩国创意旅游为样本开展全面研究,并提出相关政策的影响度和优先性。

在研究目前现有文化旅游资源模式方面,理查德基于宏观角度提出可以有效延伸文化旅游,即使用创意利用模式,这能够有效完善传统文化旅游的局限之处。科瑞兹(Korez)在研究中率先提出运用可持续发展思想,兼顾经济环境和社会效益,实现创新旅游均衡发展,以此促进一种动态循环。创意旅游影响波及面较广,其中主要表现在社会文化、经济、环境等层面,基于综合视角,国外学者坚持可持续发展理念,致力于将创意旅游打造成一种新的模式,以实现多重效应。

此外,阿斯利(Asli)提出旅游业从业者要深入研究城市旅游文化理念,并提升旅游产品的文化附加价值,让旅游者能够较为满意地进行文化消费。

塞夫基(Sevki)认为中小旅游企业在市场竞争中尽管也具有自身独特优

势，但同时也面临一定压力，如资金资源不足、规模效应不高、品牌知名度不佳、管理制度存在缺陷、服务意识不强等。

理查德等在研究中指出创意旅游会在后阶段获得快速发展，认为创意旅游可以发挥自身资源优势和文化优势，积极打造产业主体和业态形式多元化、基础建设完善化、服务标准化的新旅游模式，为游客带来更多出游选择。

理查德认为创意旅游产业发展的关键在于如何更好激发游客参与的积极性，使游客在与当地民众进行文化互动后获得良好体验。艾哈穆凯（Ihamki）在课题研究中对"地理藏宝（Geocaching）"代表的新兴创新旅游形式做出分析，认为"地理藏宝（Geocaching）"的参与者属于注重旅游体验的游客群体，其市场偏好具有一定特殊性，能够主导创新旅游产业发展。尤瑞克（Urike）强调创意阶层属于独立群体，指出创意旅游项目具有广阔的发展空间。费尔南德斯（Fermandes）认为建设旅游产业主体和业态形式多元化、区域基础设施完善化、产业管理服务标准化的精品项目，能够满足游客群体的旅游体验期望。

尽管不少研究人员对于文化创意旅游产业已进行不少研究，但整体理论体系尚未完善，需在后阶段进一步丰富。

国内研究主要集中在定义文旅产业及特征概括上。厉无畏提出，旅游资源、产品创新、文化价值的充分融合是创意旅游产业的核心内容，通过科学整合，可以实现思维模式的创新和发展。张玉蓉以重庆市作为研究区域，阐述了创意旅游概念，在建议策略部分提出培养人才方向和产品研发方向，以确保政策体系的完善性和市场有序发展。

在文化创意如何推动传统旅游业创新发展方面，学者从旅游业作用角度开展研究。冯学钢基于供需角度分析了创意旅游产业，并提出了形成背景、发展条件、借鉴经验、发展前景以及可行性建议。

马琳讨论了旅游产业和文化创意两者之间的关系，他认为两者互相联系，互相渗透，这两大产业之间并没有明确的边界，具有共同的产业特点，在此基础上创造出文化创意旅游业。尹贻梅在旅游过程中发现，通过开展文化创意旅游，游客能够在参与过程中增强旅游体验感，能够营造一个很好的创新旅游氛围。

李锋基于改善现有旅游产业结构角度，提出为了促进旅游产业繁荣，可以将和旅游产业有关的产业进行融合，坚持更优发展原则，利用前端技术，开发旅游资源，研发旅游产品，拓展业务市场，培养旅游专业人才。

在产业融合层面研究上，赵华和于静多角度、多视角分析了我国乡旅和文化创意产业，提出了较为可行的融合措施。苗润莲等提出，在经济新常态形势下，不同产业间的融合已成必然，尤其是旅游和文化之间。同时，他结合密云区的实际情况，提出该地农业发展必须遵循的原则。

李想、胡炜霞从文化产业和旅游产业的影响因素出发，认为文化和旅游产业发展主要受人才、市场、科技影响，要结合以上几点因素进行融合发展。

吴丽慧、马达、王诗龙对国内文化旅游研究方面，定性的分析、研究居多，如概念的界定与辨析、文化旅游产业发展情况表述、产业问题探讨、旅游项目设计等。从文化产业和旅游产业的融合意义上看，夏营综合运用多种研究方式，指出文旅融合可通过景点联动、线路布置、文化活动、区域规划的方式，提高文旅融合精品项目的市场吸引力，挖掘更多潜在旅游者前来旅游，这也有助于缓解社会矛盾、增加民众收入，并促进社会效益提升。

同时，受国内整体旅游学术界及国外文化旅游研究的影响，文化旅游资源定量评价研究、旅游市场调查研究、旅游目的地实证研究逐渐受到重视，文献数量呈上升趋势。

如张斌轶使用层次分析法分析不同产业内部潜在的耦合关系，最终发现辽宁省内部文化和旅游产业的发展具有协同价值。张玉蓉等在研究中引入结构方程模型的概念，认为要在文化旅游产业建设过程中注入文化内涵，全面展现地方优势，统筹配置各项资源，形成具备乡土文化、传统文化特色的旅游精品产品，确保各项产业要素得到充分融合。

刘斐娟在分析文化旅游价值时，以山西某个古镇为案例展开具体研究，在此基础上围绕历史文化进行全面分析。

无论是国内的专家还是国外的学者都在旅游产业和市场上投入了大量精力，探讨文化具体业态如何作用于旅游产业、文旅项目建设和保护、文旅产业融合以及企业战略管理等方面。但对特定领域的文旅产业尚未形成体系化研究；整体性的文旅产业著作较多，但缺乏该产业具体化研究；较少学者研究创意旅游产业的结构优化。

二、文化产业与旅游产业融合发展

（一）产业融合理论

产业融合能够提高产业链整体价值，且可以扩大横向产业链和纵向产业链覆盖范围，通过创新发展的方式实现动态建设，从市场供给角度出发，产业融合模式可以分为需求替代、供给替代、需求互补、供给互补等细分模式，最终可以使不同产业实现有效融合。旅游产业和文化产业一样，都有定义边界模糊的特点，且两者在发展过程中存在资源互补的现象。按照产业未来发展趋向，旅游产业在资源层面、技术层面和功能层面完成与文化产业融合，进而提高产业融合项目整体投入力度，打造具备文化特色、民族特色、生态特色、景观特色的旅游地，切实促进文化旅游产业的发展。

在实际产业融合中，不同行业相辅相成、互相作用，在推动市场经济的发展中起着关键作用。和传统产业相比，融合产业淡化了界限限制，取消了行业壁垒，极大地加快了市场流转速度，很好地保障了竞争的公平性。产业融合有它自身的几个特点。

产业具备相似性和较高关联性，这有助于产业融合的开展和技术融合力度的逐渐提升，这也是新社会环境下产业融合实现的基础，除此之外管理标准放宽也为产业融合创造了条件。只有在两方同时促进下，才能消除产业内部差异化，有效进行产业融合和升级。

产业融合时必须重视不同区域内部产业边界，当前经济的快速发展使得产业边界逐渐模糊化，需要从产业内部进行转型升级，并按照经营过程中和信息化结合的程度与方式展开具体分析。信息化革命是重要的行业融合动力，这也是最终融合的推手之一。

产业融合过程中存在多种不同的竞争手段，这能够有效进行企业全方位改造，也对产业升级和组织方式改造具有重要指导价值。从战略联盟角度来看，进行产业融合可以有效增加企业数目，也是战略联盟迸发的关键性手段。

在分析产业融合时应该从多个角度进行驱动力分析，通常情况下，主要存在以下三种不同的驱动力：技术、业务融合；市场融合；产业竞争环境变化。如表1-1所示。

表1-1 产业融合的驱动力

技术融合和业务融合	产业融合和技术融合存在紧密关联，这是因为在开展产业融合时，要重视技术创新乃至服务创新，只有在不断进行产品推陈出新的基础上，才有可能实现产业快速融合，并充分发挥技术的促进作用，才可以从物质层面、技术层面、制度层面和人力资源层面完成研发推进，扩展新业务，提升竞争力
市场融合	当完成第一阶段融合时，通常产业内部具有一定的融合基础，尤其是技术层面，然而，在开展产业融合时，不同的技术条件对于最终市场融合的影响是有限的。真正实现市场融合需要在需求分析的基础上进行，并建立新型合作关系促进产业内部的风险控制和信息共享

产业竞争环境变化	产业竞争环境指的是在市场参与过程中，产业是否具备能够赢得市场优势的技术条件，并不断借助竞争规制实现产业内部融合，这样做的好处是可以有效实现产业优化升级

（二）文化产业和旅游产业融合发展研究

关于文化和旅游产业的融合发展，有着不同的研究，国外对于文旅融合发展的研究更侧重于文化旅游，即文化旅游的含义、特色、如何促进旅游产业的发展、对旅游产业发展的影响以及文化遗产与文旅二者之间的关系等方面。西方国家最常见的旅游形式便是文化旅游，因此关于文化旅游这方面的研究和调查都已经较为成熟，而这些成果又主要表现在文化旅游概念以及类型、旅游时间、地点及其周边文化这几大板块上。到了20世纪90年代，世界经济的发展和文化的传播导致文化旅游业的迅猛发展，学界和业界对文化旅游更加关注。越来越多的专业人士把精力和时间放在文化旅游这方面来，因此，关于这方面的研究也越来越深入和广泛。在雷辛格（Reisinger）看来，不同的文化遗产有着不同的意义，艺术、宗教以及体育等，既是文化遗产，也很好地体现了文化旅游的魅力。进入到21世纪，对文化旅游的研究不再只停留在传统、旧式的内容框架上，文化旅游者、市场与社区、目的地营销这些新名词作为一种新的文化出现在文化旅游中。文化旅游不再单一地体现在衣食住行里，感受与感知作为一种新的形态参与到文化旅游中来。

另外，国外学者非常重视多角度、全方位，利用数据分析法来研究文旅融合，并且联系实际，注重实践，类似社区活动参与、文遗保护、地方特色文旅发展、文化旅游宣传方式以及后续发展等。虽说如此，但在发展中存在的问题、解决方法和如何界定概念等方面的研究，国外依旧较为少见。

我国文旅资源十分丰富，每个地区都有不同的文化特色和优势，为旅游产业的发展和布局奠定了良好的基础。虽说文化和旅游这种组合已不属创新，而且我国对于文化旅游的研究起步也较国外晚，但如今我们也开始逐步加强对文旅融合发展的研究，期望我国的文化旅游产业能进入一个新的发展阶段。迄今为止，我国的研究重点主要放在人文社会科学类研究方法上，侧重于阐述定性思维，另外也很注重基础研究、文旅之间的辩证关系、文旅融合发展模式以及规划等方面，同时对文化遗产、全域旅游、文化遗产等方面也有所涉猎。

1.文化旅游概念及其内在含义的探讨

有些国内学者认为文化旅游就是一个产品的推广过程。如有学者认为文化旅游的含义是通过文化和旅游相结合的模式，让消费者从中感受到文化的魅力并且能学到一些东西。它的主要目的是在旅游过程中去感知、感受和垂直地去体验。像游历史文化名城或者体验民俗风情游等，都具有非常清晰的文旅标识。而有些国内学者认为文旅仅仅是不同人观念的不同反应。郭丽华强调，文旅更像是一种观念意识反映出来的产物，它不应只是一款和旅游相关的独立产品，它是旅游经营者透过思维创新创造出来的一种融合了思维和产品的具象化理念，也可以把它理解为是一种旅游方式，是旅游者能够得到满足的一系列活动。在《现代旅游文化学》这本书中，马波将文化旅游划分为运动这一类，即指文化旅游仅仅属于旅游的一种，它也是旅游科目大类中的一项。刘洋则指出，文化旅游是旅游更进一步发展的结果，它的本质无异于旅游活动和行为，但会更着重于感受和感知。谢莹莹认为，文化旅游是旅游者为了体验感知一种全新的文化或者在新的环境中去体验所进行的一种转移。这些都属于文化动机，旅游者在这个过程中去体验地区文化差异和感受生活民俗上的不同。从这些差异中去深入感知，全方位地让精神世界得到富足和让生活变得充实。吴正光认为，文化旅游离不开参观和考察这两种行为。像观光文化圣地和考察文化古迹，都是以一种行为方式围绕着这些物象而开展的活动，从中得到知识的提高和眼界的开阔。

在尹世杰看来，文旅可以通过多种渠道得到推行，除了观赏文物古迹，还可以欣赏民俗风光，了解当地文化底蕴、历史发展等，甚至做到将自然、文物、文化三者融合发展，将文化旅游发展推向一个新的高度。钟美佳指出，若文化和旅游产业想要得到充分融合发展，那么资源的整合是极为重要的内容，要通过技术创新，进行不同文化资源和旅游资源之间的整合。王伟根据审美经济视域和非惯常环境两方面对文旅产业的发展进行了深入剖析，并且就其运行机制提出个人见解和结论。

2.探讨文化旅游和旅游文化之间的关联

周春波认为我国文化和旅游产业是相互融合和相互推进的，而且正以一种正向动态惯性的趋势在发展。其中最能影响到我国文化旅游产业基础性动力的消费需求、技术创新、政府规制这几大点属于重中之重。张肃等在2005—2015年这个区间，通过运用融合度模型对我国多省文化旅游产业的融合水平进行推算和研究，得出两大产业可提升文化消费水平的结论。在有些学者看来，文化产业以及旅游产业二者之间有着很大的不同，前者注重公益，后者强调营利，因此，文旅产业发展的重点就是二者之间的融合。赵雯对山西省进行研究调查，通过使用灰色关联分析方法，发现山西省的文化旅游产业的发展潜力巨大，有着很大的发展空间，融合发展状况良好。李先跃借鉴了中国知网数据库期刊和论文数据，采用Citespace计量分析，细致地分析了近年来我国文旅产业的发展情况，并将其划为三个阶段：2008年处于刚开始阶段，2009—2017年处于取得初步发展阶段，2018年后开始高速稳健地发展。从文章发布的结构来看，产业融合发展、新产业、新业态以及区域研究四个方面是高等院校研究的主要侧重点，且高等院校是研究的主力，研究内容则侧重于新政策、经济效益，然而，最基础的理论研究并不完善，区域融合发展研究也并不理想。

3.区域性的文化旅游资源发掘研究

侯兵经过了细致的调查以后，决定把长江三角洲地区附近的16个城市当作研究对象，通过采用相应的方法和专业化模型，得出了地区产业需要融合发展，从而增强优势、建立健全市场机制、优化城市内部产业结构的结论。尹华光等以武陵山作为主要研究对象，指出科学编制、规划产业融合的重要性，还提出了重点加强片区联动的必要性以及构造文化民俗旅游表演等这些观点，以及为产业融合提供政策保障，进一步扩充和完善人才机制等观点。有学者对文化和旅游产业联动融合的原因进行了阐述和分析，揭示了其发展的重要内容，文化和旅游产业联动发展的趋势势不可当，在这种情况下，企业要根据市场的需求情况来合理安排生产、提高技术水平以及创新技术等，同时重点强调了完善市场、提升产品附加值等方面的重要性。赵蕾等人对文化和旅游业的整合进行了建模，并得出了整合、吸收、重组和渗透整合这四种路径。

4.文化旅游开发模式研究

李勇军等人提出乡村文旅产业是通过四大路径完成融合的，即创新、展示、技术、休闲。姚战琪等指出文旅两大产业是互补关系，同时指出要在新时代新环境下完成科技化发展。翁钢民等采取相应的模型，证实了国内各个地区的文旅发展水平具有较大差异，对水平较低的城市而言后续还需要深入地发掘文化资源，展现出区位优势，打造出独有的品牌形象。黄蕊等对辽宁、黑龙江以及吉林实施测算，提出了这三个省份目前所存在的主要问题，并给出了针对性的意见。南宇等以甘南地区的文旅两大产业融合为目标进行研究，采取国外的先进模型进行演算，获取到的结果表明两者已经处于融合状态，不过还存在一定的不足，即品牌形象不明显，融合还不够深入。

三、文化产业和旅游产业融合的互动机制

（一）文化产业和旅游产业融合的互动作用

1.文旅产业融合对游客的影响

随着收入水平的不断提高，游客对旅游的态度也逐渐改变，不只满足于传统模式的观光旅游，还希望在旅游中获得更丰富的体验。游客的旅游决策也越来越理性化，他们会对旅游市场进行调研，其选择越来越重视产品类型，一般会选择有目的性的旅游产品。那些过于标准化的旅游观光模式已经无法满足游客的追求。游客希望出现有个性化，对文化有深入体验的旅游产品，并且对娱乐有着高度参与的意愿。文化旅游产业融合能提供大量富有特色、内涵丰富的旅游产品，能够满足游客更高层次的旅游需求，能促进游客的旅游消费行为向多样化、个性化的方向转变。文旅融合过程中所产生的旅游产品特色鲜明、内容丰富，并且时常会带来较高参与度的体验活动，这会逐渐改变游客的消费模式。在旅游市场上会逐步出现实景演艺、传统工艺等具有文化内涵和体验性的旅游产品。由于游客旅游行为的转变，旅游消费中特色文化、体验性旅游产品比例的提升能更大程度地提高游客的满意度。而文化旅游融合带来的文化特色鲜明、体验性高的产品能满足游客的需求、增强游客的文化素养。

2.文旅产业融合对企业的影响

随着旅游行业需求的变化和科技的不断发展，行业之间的隔阂逐渐消失。产业发展在面临更大压力和竞争环境的同时，也带来了更多的机遇。基于长远发展的考虑，已有部分企业改变了原来的经营策略，不断把新的技术应用到市场，来探讨新的发展方向。企业会在旅游产业和文化产业的融合中探索出新的市场，让文化知识丰富到旅游产业中，使旅游产业能吸引到更多的游客。这些企业会不断推动文化和旅游产业相结合，打造新的旅游市场，参与到新的竞争中。旅游产业和文化产业界限的逐渐模糊，让更多的企业进入到市场。在竞争压力和经济利益的驱动下，旅游产业越来越精细化，为游客带来较好的用户体验。旅游产业不断发展，旅游者越来越会对那些有特色、个性化强、有丰富文化内涵的旅游产品感兴趣，而那些模式单一、观光程度低的旅游产业会逐渐被

市场淘汰。因此，随着高质量文化旅游产品的诞生，旅游行业的结构会发生相应的改变。在文化旅游产业不断融合的过程中，企业只有不断创新，才能提升产品品质，增加竞争力。

3.文旅产业融合对当地居民的影响

当旅游产品发展模式有利于增加居民收入时，人们就会参与到产品的经营中，进而带动当地经济的发展。例如，具有创新精神或者偏向传统工艺的人基本都会进入到旅游行业来从事特色产品生产和服务，或者本身也会经营具有当地特色的民宿、服饰和饮食活动。当地人能从中获取到收益时，会自发地来保护当地文化传统和特色产品。反之，当文旅产品无法给附近居民带来收益，并且大量游客的到来会打破原有居民生活习惯，给当地人带来一系列负面影响时，居民则会抵制这类文旅活动的开展。随着文旅产业不断融合深入，社区居民会越来越多地参与到旅游产品中，来改变原来单一固有的收入模式，这有利于提高居民收入水平。收入水平的提高也能推动当地经济的发展，有助于提高人们物质生活条件。同时，为了更好地吸引游客去观光，当地政府也会加强各种公共服务设施的建设，为游客提供了方便，也有利于居民生活质量的改善。

4.文旅产业融合对地方政府的影响

为了让文旅产业不断发展壮大，提高产业影响力，地方政府都会进行相应的政策调整，来应对文旅产业融合遇到的各种问题。政府部门会给予一定政策上的支持，这不仅能促进文旅产业的融合，文旅产业的融合发展也会给当地政府带来较好的收益。政府扶持大多不是一次到位的，而是在文旅产业融合过程中不断进行调整补充的。调整的过程就是为了减少行业间的摩擦，加快产业的融合。当地政府还会出台各种鼓励性的政策，来促进其他产业融合到文旅产业市场中，以便带来更好的经济效应。为了让文旅产业进一步融合创新，国家也进行了一系列改革，为旅游和文化的融合提供了更好的内部环境。另外，政府部门为了提升当地旅游产业的影响力，会主办各种大型文旅活动。在政府的大力推动下，文旅产业融合不断加深，随着相关产业的发展，旅游产业发展也会逐步改变原有的发展模式，会更加富有创造力，更加适合当地经济特色。文旅产业融合有利于促进当地旅游经济增长方式的改变，为当地提供更多的就业岗位，让越来越多的人才留在当地发展，有利于当地居民生活质量的改善和福利水平的提高，也有利于社会和谐发展。

（二）文化产业和旅游产业融合的互动机理

旅游产业的经济性与文化性相辅相成、缺一不可。产业融合以技术融合、业务融合和市场融合为前提，通过渗透、交叉和重组的方式形成新的产业形态，而文化与旅游融合发展，则是一个以文化带动旅游发展，以旅游促进文化发展的过程，因而也是一个优势互补、互惠共赢的过程，因此，推动文化与旅游融合对于促进文化产业与旅游产业协同高质量发展具有十分重要的意义。

旅游与文化产业的融合主要体现在市场融合、人才融合、机构融合、生态融合等方面，其核心要义是实现高质量发展过程中政治、经济、社会、环境等的综合效益。

一是市场融合。市场融合导致产业边界的收缩，随着体验经济的迅速兴起，消费者既要求旅游产业具有文化性，又要求文化产业兼具游览价值，因而两大产业融合有利于产生新业态和新产品的诞生。

二是人才融合。旅游与文化产业对人力资源均提出了较高要求，即要求从业人员的工作既承担旅游产业的主体功能，又能体现文化产业的关键内涵。

三是机构融合。现实中，许多博物馆、文化娱乐场所等在运营初期主要承担文化传播等功能，当具有一定知名度和影响力之后，将会持续吸引大量游客，从而既承担着文化传播主体功能，又具备旅游观光的衍生功能。

四是生态融合。随着生态文明理念的持续深入，在文化与旅游业的相互融合中，要求坚守绿水青山就是金山银山的发展理念，通过构建旅游开发的生态保护机制，颁布相应的绿色政策，引导人们在感受文化的熏陶和旅游带来的愉悦的同时，自觉践行绿色旅游方式、生活方式和消费方式。

（三）文化产业和旅游产业融合的机制

旅游产业与文化产业之间存在很多的互通性，旅游者在旅途中会体验到当地的文化特色，加深对地方文化产业的了解，随着文化产业不断开发利用，地方特色文化就会逐渐融合到旅游资源中。自然旅游资源本身不具备文化性，但会被人们赋予文化内容，需要我们不断地去理解和鉴赏，才能不断加深文化产业和旅游的融合。文化产业为旅游产业的发展注入了新的活力，丰富了旅游的文化内涵，带动了旅游产业的发展。同时，随着旅游产业的影响力不断扩大，越来越多的游客也会了解到旅游中的文化内涵，也推动了文化产业的发展前进。

1.产业之间的互动融合机制

科学技术的不断发展使产业之间的融合变得更加简单，文化和旅游产业融合正是技术创新推动的结果。现代先进的技术推动了旅游和文化产业的融合，从而产生了新型的产业链。技术进步最大的改变就是产生新的活力，在旅游和文化产业融合过程中，技术进步催生了创新思维。文化产业运用先进的现代技术，将旅游产能和文化演艺结合起来，形成有文化特色的旅游形式。旅游产业运用互联网技术、大数据分析等现代信息技术进行有效整合，形成新的智慧旅游项目。旅游产业融入文化产业的创新思维，可产生高质量的旅游产品。旅游产业借助文化产业来不断创新，能够让旅游者在娱乐的同时，提升综合文化素养。大幅度增加旅游景点的吸引力，可以吸引更多的旅客来游玩。

文化产业对旅游产业的影响也很大。文化产业可以促进旅游产业的发展，随着旅游产业不断扩大完善，文化产业逐渐和旅游产业融合，给旅游业添加了新的发展活力，也不断丰富了旅游的文化内涵。旅游产业想要不断发展进步，提高自己的竞争力，就需要不断和文化产业进行融合，促进两者之间的共同发展。一方面能够促进旅游产业的优化升级，另一方面也能对文化进行推广，可以实现合作共赢的结果。

人们对高品质生活的追求不断刺激旅游者对高消费的需求，原来传统的旅游形式已不能满足当前旅游者的需求。旅游产业必须不断发展进步才能应对消费者消费行为的转变。文化和旅游产业融合不仅使得旅游者在旅游中能欣赏到景点的自然风光，也能获得文化的熏陶。随着旅游者文化水平的普遍提高，游客在旅游中也可以不断丰富自己的文化知识，消费者在旅游中能感受到文化带来的乐趣，使旅游和文化自然地融为一体。每个旅游产地都有自己独特的文化产品，旅游者在文化旅游产品中获得满足，这种消费上的满足也会不断促进旅游和文化产业融合，同时为当地旅游产业创造更多的经济效益和社会利益。

2.有效的政府协调机制

地方政府对产业融合也有推进作用。旅游产业与文化产业之间的相互融合，必然会出现一些潜在的危机。为了消除融合中存在的问题，政府监管部门必须要充分发挥指导和管理作用，为旅游产业提供支持。可以成立对应的工作小组，加强旅游产业的市场监管，保证旅游产业的完整性，推动产业不断改革创新。政府部门应加强对文化旅游的改革，为旅游产业与文化产业融合打造一个好的市场环境，规范好市场合理运行机制。在改革中需要打破原有市场限制，为构建多元化文化旅游融合提供服务，促进二者之间和谐发展。

文化产业与旅游产业的融合发展，需要借助政府的协调管理。在不同地区，经济发展水平存在差异，旅游产业与文化产业的联系程度并不一致。有效的政府协调机制，能够使文化产业与旅游产业通过引导、管理等方式，实现初步的融合以及持续的发展融合。

为此，各级政府部门需要总结文化产业与旅游产业的融合管理需求，突破现有的管理体制模式，建立起适合产业融合的管理服务体系。在不同的地区中，文化产业与旅游产业的融合发展需求有所差异，政府部门的融合引导需要根据其差异选择适当的方式。如一些地区经济发展水平较高，旅游服务能力强，因此具有一定的旅游吸引力，游客的数量较多。然而，某地区成熟的历史文化资源相对有限，难以对游客形成深度的吸引力，造成游客回访率不高、旅游评价口碑不好等问题。面对这种情况，管理部门需要重视历史文化资源，需要强化对历史文化资源的整合。借助地区的发展历史建立起相应的文化产业链，提升地区旅游产业的文化吸引力。再例如，对于我国更多的地区来说，历史文化遗存丰富，旅游服务水平却相对有限。在这种情况下，旅游产业与文化产业的融合也会受到影响，集中表现在文化产业的竞争激烈，存在一定的野蛮生长状态；许多文化产品空有噱头，缺乏实质性的文化内涵，难以对游客形成持久的文化吸引力。与此同时，与文化产品同步开发的旅游产品也呈现出粗制滥造的特点，游客整体的游览体验不佳、旅游花费较高，造成地区旅游产业口碑下降。为此，需要进行旅游服务的重点管理，提升服务的水平；对于文化产业的管理，要重视产业的整合，促进文化产品的成熟发展。

3.产业信息收集与整合机制

进行产业信息的收集与整合，建立统一市场，借助信息化手段以及统一的信息平台，实现对文化产业以及旅游产业各项具体信息的收集，有助于文化与旅游的深度融合，找准产业中的发展定位。

首先，需要建立起信息收集的平台。政府部门作为信息收集平台建立的主导者，需要根据地区旅游产业以及文化产业发展状况，建立起多个信息收集的渠道。如文化产品的销售状况、文化产品的研发状况，各个旅游景点的游客人数、信息反馈等。需要进行定期的信息收集以及周期性的信息对比整合，寻找地区旅游产业与文化产业融合中存在的问题。

其次，需要根据收集到的信息，进行统一的市场规划。例如，许多博物馆都推出了博物馆文创产品，这些产品不仅能够增加博物馆的经济收益，也能够起到文化宣传的效果。如实用类的文创产品，印有博物馆的名称、著名展品等，购买者的使用过程就是一种强化宣传的过程。旅游参观与文创产品的销售，成为一个统一体，并且产生相互促进的作用。

4.完善的人才培养机制

培养综合人才，进行多角度的人才引导。在文化产业与旅游产业的融合中，具有高度综合素养的人才，是产业融合的关键。为此，各地区都需要重视人才培养，建立起完善的人才培养机制。

首先，需要通过高等教育，培养专业的旅游文化方面的人才。当前，我国许多高校都开设了相关的专业，但就学生的实际就业情况而言，存在一定的问题。学科体系的构建与社会实际的用人需求之间存在差异，在一些高校中由于课程体系设置不当，学生不具有深度的文化认识能力，也缺乏文化认识的基础；同时学生服务能力的培养与训练也存在不足。面对这一情况，高校需要强化校企结合模式的应用，根据具体的用人需求制定出培养策略，提升人才的综合素养。

其次，需要重视在实践中培养人才。例如，相关的就业管理部门以及文化旅游部门，可以进行适当的合作，通过合理的创业引导，进行文化旅游产业的人才培养。

在当前激烈的市场竞争环境下，文化和旅游产业只有不断创新，才能实现可持续发展。具有文化和旅游双重功效的文化旅游产品能够为两大产业带来更大的经济收益。随着文化和旅游产业融合程度的提高，旅游活动中的文化因素不断增加。增加了旅游产业的文化内涵，为游客带来了更完善的体验，提高了旅游产业的品质。让旅游者通过旅游这个文化载体了解更多当地的文化，扩大文化的传播范围和产业效益，提高文化产品的市场竞争，取得旅游产品的扩散效应，实现文化产业的增值，也实现了旅游产业和文化产业融合的利益最大化。

第四节 文化和旅游IP资源开发的意义

一、创新目的地的文化血脉

旅游目的地的文化血脉根植于当地的历史文化土壤，独特而富有创新性的文化旅游IP可以整合当地多元的旅游资源，为当地文化血脉创新提供突破口。文化旅游IP的开发可以深入挖掘当地文化的特色内质，让文化活起来。这种"活"有两个含义：一是借助技术手段，让很多平面或抽象的文化遗产变得具象、可感；二是可以将距今很远的古代文化遗产融入到当下的生活当中，最终实现文化遗产开发的见人、见物、见生活。

在对目的地的发展现状及发展环境进行剖析后，掌握当地文化旅游的优势、劣势、威胁及机遇，制定全面的发展战略，并通过健全人力资源管理机制、争取更多政策支持、寻找合适的融资等手段保障战略的实施。优化文化旅游产业，加速转型升级，用合适的旅游IP资源指导目的地的运营，确保市场竞争力不断提升，增加资本吸引力，进一步推动当地文化和旅游产业健康有序循环发展。

从文化和旅游融合的角度来看，文旅融合加速了文化创新旅游业的兴起。不仅能很好地承继传统文化，使传统文化发扬光大，而且对旅游产业和文化产业的有效结合起到推进作用。这不仅可以为旅游产业的未来发展带来帮助，也有助于旅游产业影响力进一步扩大，吸引更多民众参与旅游活动，进而实现文化领域和旅游领域共同建设，同时也可通过形成具备地方特色的文旅产品，为当地传统文化保护和传承带来积极影响；文化旅游产业的稳定发展，可以吸引附近民众参与到旅游建设中，解决农村民众的就业问题，并提高其经济收入，有助于乡村振兴战略实施和美丽乡村建设。

更深一层次地讲，这样从点到面的铺开，不仅有利于提高旅游目的地整个文化创新旅游消费在文化消费中的比重，而且有利于促进文化和旅游结合体的形成，最大限度缩短当地优化产业结构和转型周期，实现文化旅游绿色、创新的发展目标。

二、重塑旅游目的地的产业体系

旅游产业是食、住、行、游、购、娱六大要素综合关联且相辅相成的综合体系。在全域旅游理念日益深入的当下，优质的旅游目的地应该是综合能力突出，具备全方位旅游接待能力的旅游综合体。文化旅游IP的开发可以带动当地产业的变革升级，在很大程度上进一步挖掘出旅游可持续发展的持久动力，进一步带动旅游相关产业的发展，激发出旅游发展的新动力，建构起新的更适应当代市场需求的旅游产业体系。

数据统计表明，近年来，我国旅游产业收入增速较快，尽管我国的GDP增长速度有所调整，并出现经济增速放缓的迹象，但抵挡不住旅游产业给我国GDP增长带来的重要推动力，成为第三产业中占比较大的一部分。此后，中国成功超过日本成为世界第二大经济体；随着旅游经济的不断发展，创造出的岗位也越来越多。旅游产业提供近8000万个就业岗位，约占我国就业人口总量的10.31%。在2019年，我国的居民中开展国内旅游的人次首次突破了60亿，包括城镇民众旅游人数44.71亿人次和农村民众旅游人数15.35亿人次，同比增速分别为8.5%和8.1%。

2021年文化和旅游部印发《"十四五"文化和旅游发展规划》，鼓励吸纳更多的社会资本参与。由此可以看出，国家已逐渐投入更大的精力引导越来越多企业进行文化旅游产业投资和发展。这一系列政策产生两方面影响；一是促进文化旅游产业的发展，二是加剧文旅企业之间的竞争。

三、提升旅游的文化价值

随着大众旅游时代的到来，旅游对发展经济、增加就业和满足人民日益增长的美好生活需要的重要作用日益凸显。传统旅游注重依靠基础设施、自然资源、营造景观以获取收益，旅游IP资源开发则强调将文化资源转化为旅游产品，以提升旅游的文化附加值，从而促进旅游综合经济与社会效益的增长。区域旅游中的历史文化名城、古城是地方经济发展的核心，也通常是当地最具特色的旅游景点，有着丰厚的历史资源，如古老的建筑留存、本土的民族文化以及丰富的民俗节庆。要立足游客对文化内涵的要求逐渐升高，旅游需求日趋多元的现实，在探索旅游IP内涵与特点的基础上，发挥历史文化资源优势，在旅游IP的开发、运营及保护的过程中进行形象的塑造提升。

国内学者近年来尤其是近两年来对旅游IP的关注越来越高，全国各地的政府部门、旅游景点纷纷将打造旅游IP作为实现目标的手段，不仅对旅游相关IP进行保护，更注重IP带来的旅游价值。

就景区而言，旅游IP更像是一种源于景区文化价值观念的智力创造，无论是词语、符号、元素的表现，都是在营造一种空间、感官的体验，倾注了心智创造，代表着景区想要传递给游客的印象与记忆。大部分旅游IP的研究是从新媒体、全域旅游、信息时代等角度对旅游IP进行解读，对其如何落地的具体实践研究较少。

四、促进个性文化的形成

2015年起，IP一词开始出现在大众视野，在市场各个领域聚集势能。IP的火爆为企业带来了短期的高度关注，越来越多的企业将旗下品牌IP化，通过标签化的内容、恒定的价值观、有辨识度的外观赢得消费者的文化认同，获取粉丝的主动连接。2019年则是"文化IP"的井喷之年，更为传统行业打开了消费新局面。

党的十九大报告指出，中国特色社会主义进入新时代，我国社会主要矛盾已经转化为人民日益增长的美好生活需要和不平衡不充分的发展之间的矛盾。人民美好生活需要日益广泛，不仅对物质生活提出了更高要求，对精神生活、文化生活等方面的要求也在日益增长。旅游是发展经济、增加就业和满足人民日益增长的美好生活需要的有效手段，旅游业是提高人民生活水平的重要产业。任何一个旅游项目归根结底都是文化项目，都在寻找文化点。2015年，为满足消费升级需求，国家提出"完善旅游设施和服务，大力发展乡村、休闲、全域旅游"发展理念，我国旅游行业进入转型阶段，国内大多数地区主要创收已由传统的农、工产业转向绿色、可持续、服务型产业。

随着大众旅游时代的到来，游客的个性化追求、情感消费需求逐渐升高，旅游需求日趋多元。对于旅游景点来说，人性化、人格化的旅游产品将在旅游业发展中起决定性作用，旅游发展也应注重内涵建设与文化提升，体现其独特性。而旅游IP即根据旅游地的特色凝练创造出的一个符号化、个性化的形象体系，是该地区特有的、具有可传递性的精神消费品，能快速聚集人气和提高旅游景点的认知度，促进文化力的形成。

第二章 文化和旅游产业的现状

文化旅游产业的发展和经济发展息息相关，我国政府已经意识到文化和旅游产业的重要性，制定了较为完善的政策体系，推动文旅产业快速发展，形成了较为可观的文旅产业规模。本章分为文化和旅游产业的发展背景、文化和旅游产业的发展现状以及文化和旅游产业的发展趋势三部分。主要包括文化和旅游产业发展的外部要求，旅游转型发展的必然要求，国内外文化和旅游产业的发展现状，红色文化旅游产业、文化旅游品牌发展现状等内容。

第一节 文化和旅游产业的发展背景

一、文化和旅游产业发展的外部要求

改革开放以来，经济的快速发展、城乡居民收入稳步增长、消费结构加速升级、人民群众健康水平大幅提升、假日制度以及基础设施条件不断完善等，都在推动我国整个文化旅游产业的发展。未来我国文化和旅游产业依旧能保持快速发展。

（一）政治环境

自2009年我国开始出台相关政策发展国内旅游业，推动旅游业持续发展。目前在支持旅游行业发展方面，政府制定和出台了较为完善的政策法规，优化了市场环境。在《中华人民共和国旅游法》中，明确规定了旅游行为，坚持规范性原则，以法律约束保障旅游行业的发展。

在2018年春季，国务院又有效整合文化和旅游局具体职责，简化职能机构，

提高工作的高效性和有效性，确保行业的快速发展。这有助于发挥旅游资源优势，解决现阶段问题，坚持优质发展原则，将旅游文化业打造成优质产业。

（二）经济环境

消费观念转变和生活方式的升级都体现了我国居民生活水平的改善，同时也促进了旅游产业的升级，市场中高层次旅游消费需求也极大地增强了我国旅游业发展动力，提高了平民消费的可能性。要利用此有利条件实现跨越发展，促进旅游产业增长，有力打造竞争优势。各大旅游公司互相占有市场份额，必须能够结合市场环境变化及时调整发展战略，同时把握当前发展机遇，实现转型升级发展。调查国内游客旅游需求，扩展国内市场并吸引国际游客，增加国际客源量，创新旅游发展，既弘扬文化又发展旅游。

（三）社会环境

从20世纪70年代开始，大众旅游开始出现在大家的生活中，大众旅游可以推动生活质量提升，然而大众旅游却逐渐跟不上游客的精神需求上涨的脚步，因此创新旅游文化产品，增强游客文化体验感，提升其精神境界成为改革趋势。文化旅游创新产业不仅促进了文化旅游发展，而且衍生出一定的社会效益，从而实现了经济效益和文化效益的双丰收，增加了就业岗位，并且文化旅游污染小、消耗低，能促进环境保护工作。

人们的精神水平的提高，导致以往的景点式旅游已不能满足民众日常需要，文化旅游、乡村旅游、绿色旅游、主题旅游等新兴产业开始备受关注。旅游业所涉及的内容也逐步增多，这使得旅游业与其他行业之间的融合也越发深入。

二、旅游转型发展的研究

经过改革开放40多年的发展，2019年全国旅游及相关产业增加值为44989亿元，占当年国内生产总值的4.56%，旅游产业对我国国民经济的重要性不言而喻。但从2013年起，我国旅游产业随着经济大环境步入新阶段也同步进入了矛盾展现期，因发展不均衡而产生的问题渐渐明晰了起来。旅游产业需要从过多追求经济效益和扩大产业规模上向追求更高水平、更高质量的方向转型升级。促进旅游产业的高质量发展，是适应社会主要矛盾变化并实现国家现代化必不可少的条件，是经济发展的必然要求，同时也是维持旅游产业可持续健康发展的基本要求。

（一）国外旅游转型发展研究

1.旅游转型发展影响因素

国外学者重视旅游转型发展的影响因素研究，一部分学者关注旅游转型发展内部影响因素，研究生态旅游向可持续发展旅游转型的十大条件，即均衡发展、可持续发展、游客教育、环境保护、地方税收、转型管理、地方凝聚力、游客参与、供应链管理以及目的地政策管理；从潜在因素（旅游监管、旅游安全）分析旅游转型成功的原因；有学者以印尼亚齐省为研究对象，发现支持性的环境、社区接受能力、旅游资源供应能力和营销对旅游的转型发展具有促进作用。另外一部分学者关注外部力量推动旅游转型的因素，重点分析互联网在旅游分销渠道演变和转型发展中的作用，如奥林匹克运动会的举办促进了北京市旅游转型，使得当地相关行业改变旅游营销策略。

2.旅游转型发展策略

国外学者对旅游转型发展策略的研究主要集中在现象与实证研究两方面，一部分学者通过分析案例地采取何种措施推动当地旅游转型，认为新加坡和迪拜通过航空公司、机场、政府与旅游部门之间紧密结合的策略使得两国转变成为主要的国际旅游目的地；布拉德利（Bradley）等通过有关英国城市的调查研究，得出英国通过城市更新策略向会议旅游城市转型。另外一部分学者注重根据旅游发展现状提出针对性的转型策略；希金斯（Higgins）针对旅游发展追求速度的问题，从平衡公平、生态限制、人类利益和可持续发展三个方面探讨促进旅游可持续发展的策略；尼尔名（Nermin）以土耳其为例，采用层次分析法、SWOT分析法提出系统的旅游转型升级策略；菲利帕（Filipa）以海岸旅游为研究对象，从设计国际创新战略、识别海岸旅游中最重要的组织类型、提高利益相关者区域多样性三个方面提出海岸旅游转型发展策略。无论是现状分析还是实证分析，都对国内旅游转型发展提供了经验借鉴与参考。

3.旅游转型发展影响

国外学者对旅游转型影响的研究主要集中在旅游转型对经济、社会、环境、民生效益的影响，米克理安等运用反事实分析、归纳性序数逻辑回归模型预测旅游转型对不同地区经济、社会、环境的影响，研究发现处在不同阶段的旅游与三大基础线之间的关系是不同的；塔克等基于工业社会向信息社会转型的大背景，研究旅游转型发展的经济价值以及可能的影响；麦思莉认为旅游转型能够改善民生生计。借助世界银行相关措施促进旅游转型发展，能够为贫困地区带来利益相关者的投资、构建整体价值链等一系列的好处。一小部分学者考虑效益价值之外的研究内容，将关注点转向人与城市在旅游中的转变影响；乌拉蒙以特定的旅游者为研究对象，调查消费者在旅行中暂时性的身份改变所产生的影响；里木米尔等以意大利旅游城市卢卡为例，认为旅游文化转型能推动城市的变革。

（二）国内旅游转型发展研究

国内关于旅游转型发展研究较早的是1999年马波在《旅游学刊》上发表的《转型：中国旅游产业发展的趋势与选择》一文，自此旅游转型发展研究开始兴起。以"旅游转型"为关键词，根据中国知网文献量检索结果，可以将旅游转型发展的研究大致分为三个阶段：一是萌芽期（1999—2008年），这一时期的研究主要将旅游转型和升级分开研究，研究的内容比较杂、散，没有形成相对成熟的体系，研究主要集中在城市旅游转型、国外旅游转型经验总结与比较研究；二是成长期（2009—2016年），2008年，文化和旅游部从旅游产业发展方式、发展模式、发展形态提出旅游的三个转变，自此旅游转型升级研究开始合流，研究的内容主要集中在旅游转型发展概念、旅游转型发展动力机制、旅游转型升级策略、旅游转型评价等方面，研究内容多样化；三是成熟期（2017—2019年），研究的内容以旅游转型发展模式、旅游景区转型为主。

国内关于旅游转型发展的研究重点集中在旅游转型发展概念、旅游转型发展动力机制、旅游转型发展模式、旅游转型发展策略以及旅游景区转型等方面。

1.旅游转型发展概念

旅游转型发展概念研究是国内学者研究的一个热点，研究的内容主要集中在旅游转型与旅游升级两者之间的关系研究。不同学者研究的侧重点不同，一些学者的关注点在于旅游转型与旅游升级的差异性，如马波认为旅游转型是本质，旅游升级是表现，中国旅游只有通过转型才能升级；崔保健强调内外环境的重要作用，认为旅游转型是旅游领域内发生的变革，是事物由相对稳定的方式向另外方式发生质变的过程，表明旅游转型与升级不同，认为转型是由A到B的转变，升级是A到A+的升级。另外的学者的研究内容集中于两者之间相互作用、影响关系与旅游转型发展的内容研究，谢春山等认为旅游转型与旅游升级之间是相互影响的，提出旅游产业转型升级包括发展模式、发展形态、产业结构的优化升级，三者条件缺一不可，最终促进产业发展或者产生新的业态。

2.旅游转型发展动力机制

国内对旅游转型发展动力机制的研究主要集中在转型发展动力内容构成与转型发展动力机制模型构建两个方面。

一是全面分析旅游转型发展内外动力的构成内容以及动力之间的相互关系，马波指出市场化是中国旅游转型发展的进一步动力；秦洋等以曾厝垵村为例，从旅游区位、资源、市场以及政府四个方面提出旅游转型发展动力；卞显红从观光旅游经济贡献率低、旅游接待容量低、旅游项目投资建设、旅游需求发展四个方面构建江南水乡古镇旅游转型动力机制，并从旅游项目开发、旅游外部空间拓展、乡村旅游业态发展、旅游文化内涵挖掘以及旅游品牌打造五个方面提出旅游转型路径；刘少和等认为旅游产业集聚受到集聚成本——效益机制约束和核心旅游品牌效应影响；麻学锋提出把握好政府与市场的作用并促进其有机结合是旅游转型发展的关键所在，在一定程度上丰富了旅游转型的动力机制的理论研究。

二是通过分析旅游转型发展内外动力、转型状态以及转型响应三个方面的旅游转型发展动力机制模型，形成更为科学、系统的研究体系；李晓琴从内外压力、综合状态、意识响应三个方面构建低碳旅游转型发展PSR（状态—压力—响应）动力机制模型；刘敬华在分析民族非遗地区旅游发展现状以及转型的必要性的基础上，构建民族地区非物质文化遗产旅游转型动力机制模型。

3.旅游转型发展模式

在旅游转型模式研究方面，部分学者的研究集中于对旅游转型发展模式进行分类，马木兰等分析博物馆、主题公园与实景舞台剧三种模式的非物质文化遗产旅游产品转型模式；魏超以武汉市为例，将武汉市城市边缘旅游开发的乡村旅游转型模式分为社区提升、景区依托、文化重构、近郊休闲四大类。

其他学者倾向于通过提出转型策略与路径构建旅游转型新模式，曹端波从生态环境、民族文化保护、社区参与保障机制、特色旅游品牌、三方协调机制、民族村寨发展方略五个方面提出民族村寨转型模式；高璐提出乡村旅游发展模式创新路径，并提出打造特色化、主题化、创意化的乡村旅游项目；余世忠基于产业融合视角，提出古镇转型升级策略，打造旅游转型升级新模式；董广智针对我国乡村旅游发展速度明显缓慢于市场需求变化的问题，提出大力发展纯天然的收获型旅游模式，以转变乡村旅游发展现状。国内对旅游转型发展模式的研究由现象分析到实证性分析，研究的问题更加深入且在一定程度上能够落地，实践意义强。

4.旅游转型发展策略

国内对于旅游转型策略的研究主要是对旅游发展中存在的问题提出相应的转型策略。一是研究主要集中于乡村旅游转型发展策略研究，李莺莉等研究乡村旅游发展的过程中，发现乡村旅游经济的快速发展，带来了"反生态"问题，制约了乡村旅游生态转型进程，并从生态经济、旅游特色小镇、环保技术三方面提出乡村生态化转型策略；刘松鹃构建三大体系策略（支撑体系、统筹体系、建设体系）以实现休闲型乡村旅游向田园综合体转型升级目标。二是针对资源型的旅游城市转型策略研究，张子妍研究唐山资源城市发展现状、特征以及问题，从政府、法治、资源、结构等四个方面提出具体的转型发展策略；邹建新基于生态文明建设战略背景，分析资源城市旅游发展现状与困境，从资源开发、特色小镇建设与康养需求结合三个方面提出资源枯竭型城市的旅游转型策略。

5.旅游景区转型

国内对旅游景区转型的研究较早的是富玉英，他运用SWOT分析法分析江苏天目湖景区转型发展现状，从空间优化、品牌再塑以及项目提升三个方面提出景区转型发展战略。此后对旅游景区转型的研究成果数量不断增多，早期的研究内容多集中于景区门票转型研究，耿松涛、况学东分析了我国景区门票经济的成因、产生的问题以及转型发展的困境，分别提出了景区门票转型的途径与策略。后期的研究集中于针对景区整体发展问题提出相应的转型策略，明庆忠等在要素、功能、空间以及时间四个方面分析景区发展特征的基础上，从景区类型多样化、空间骨架化、功能高级化、产品融合化以及联系网络化五个方面提出旅游景区转型策略。刘邓基于对互联网技术、智慧旅游分析的背景，提出旅游景区经营管理转型策略，叶设玲以太湖鼋头渚景区为例，运用SWOT分析法在分析其发展优势、劣势、机遇与挑战的基础上，提出转型、增长、多元经营以及防御型等四个方面的旅游转型发展战略。

三、文化和旅游的天然耦合性

近年来，伴随着文化和旅游业快速发展，已形成若干"旅游+""文化+"融合发展的新业态。特别是2018年文化和旅游部门机构重组以来，文旅融合这一老命题再次发酵为讨论热点。旅游是不同国家、不同文化交流互鉴的重要渠道，是发展经济、增加就业的有效手段，也是提高人民生活水平的重要产业。旅游应该树立和践行"绿水青山就是金山银山"的发展理念，贯彻创新、协调、绿色、开放、共享的新发展理念，形成绿色发展方式和生活方式。绿色文旅融合发展对于新时期中国经济的绿色转型和高质量发展的意义也显而易见。

从文旅融合方面来说，国外学者主要是针对旅游与文化产业融合的具体业态进行考察的，其中涉及文化旅游、影视旅游、节事旅游、创意旅游等方面的内容，基本上认为旅游与文化产业的结合有利于提高旅游地的形象和旅游产品的文化内涵，从而有利于促进两大产业的协同发展。而国内有关于此的研究主要集中在旅游与文化产业融合的发展模式、动因及效应分析、发展趋势分析等方面，已初步形成文化产业与旅游业融合的理论体系，同时，进行了相应的实证研究。此外，也有学者尝试通过建立文化产业与旅游业耦合的评价体系，来定量分析文化产业与旅游业的耦合协调关系及其相关空间分析，同时，有些学者也对文化产业与旅游业的融合发展水平进行探究，发现我国旅游与文化产业的总体融合水平在不断提升，地区上呈现正向集聚状态，且东西部地区的融合程度存在较大差距。

综上可以发现，目前，学界已对文化产业与旅游业的融合发展进行了较为丰富的探索，但其中大多数研究只是从文化产业与旅游业融合的视角出发，探究其发展模式、机制和路径等，很少有人考虑到这一融合过程中可能触及的环境污染及生态保护问题，且现有研究大多采用较为单一的研究方法和工具，少有将数理模型、空间探索性数据分析和地理探测器等多学科方法和工具结合起来进行考察的研究，尤其是尚未发现有从量化分析层面对文旅融合发展水平进行分析。然而，随着美丽中国建设过程中绿色发展理念的不断深入，高质量发展作为可持续发展的延续和拓展，将成为保持区域竞争力的关键，这样一来，对文旅融合的量化和分析就显得非常必要，这也使得区域发展研究中对于生态要素的测评变得不可或缺。

一是在全力推进文旅融合发展的进程中，坚持立足本土特色，各自产业特色、优势互补的发展思路，打造绿色文化旅游特色经济带；突破既有旅游模式和思路局限，通过要素资源的共同融合和有效的政策支撑，形成完善的绿色发展规划和坚实的绿色旅游活动理念，为绿色文旅发展奠定扎实前提和基础。同时积极引进关键技术和稀缺人才，重视文化旅游领域的复合型人才培养，为产业融合发展提供核心动力。

二是西部地区自身应深度挖掘其旅游与文化资源特色，开发独具特色的文化旅游产品和服务，积极学习东部沿海地区的先进经验，转变发展方式，打破低集聚的局面，主动争取跨区域合作。而东部地区则应进一步发挥对地区经济社会发展的带动作用，不断开发绿色旅游与绿色文化产业融合的新兴业态，创新服务和产品形成。促进产业转型升级,实现文旅融合的高质量发展。强化中国沿海及中部主要省区绿色文旅融合的溢出效应,强化与周边省区的合作,在充分发挥自身优势的基础上,增强其辐射带动效应,促进区域合作联动发展。增强对东北、西南、西北地区绿色文化和旅游产业发展的扶持力度,提升其绿色文旅融合发展水平。

三是基于绿色发展理念的时代背景,在持续推进绿色文旅融合区域协调发展的同时,更要关注人与自然的和谐共生,坚持绿水青山就是金山银山的发展理念,构建文旅融合的生态保护机制,在经济转型过程中有序推进绿色文旅融合。此外,未来在推动我国区域绿色文旅融合协调发展的同时,应关注其旅游环境建设问题,完善相应政策,提高国民环保意识,以此提高绿色旅游的贡献率。同时,还应站在全局角度、长远发展的高度,发挥绿色文旅在文明交流互鉴中的桥梁作用,向全球传递中国文旅声音,讲好中国文旅故事。

由于文化和旅游同属于第三产业,产业属性相似,无明确的产业边界,决定了它们具有天然的耦合性,并在文化旅游需求、文化旅游产品和服务供给以及旅游文化产业的外部环境氛围等共同作用下,二者的融合度不断推进和深入。这种天然的耦合性成为文化旅游产业发展的巨大推动力。

文化与旅游产业之间存在价值、效能和路径三重耦合性,两者耦合的机理在于以文化和旅游资源融合为基础,以科技导入为推动力,发挥两个产业之间的协同作用,推动两个产业实现高质量发展,进而为区域经济和国民经济发展贡献新的增长点。

首先,将文化和旅游资源融合能够更好地匹配文化旅游消费需求。因文化与旅游二者之间相互依存、相互促进,文化资源的有效转化是实现两个产业融合发展的基础。文旅融合可以促进优秀传统文化的保护、传承和传播。以长三角地区为例,如果能够对长三角地区旅游目的地进行必要的整体建设,增加江南文化等区域特色优秀传统文化的展示方式,拓宽传播渠道,设法满足消费者对于旅游的文化内涵需求,那么将会使文旅融合实现内涵创新式发展。以文化遗产来看,长三角地区的文化遗产众多,如果能够将这些文化遗产以主题公园或艺术园的形式呈现,用旅游产业发展的模式来展示文化,那么不仅会使旅游产业的发展面貌焕然一新,还会形成长三角地区独特的文化地标。

其次,将技术作为文旅融合的支撑能够有效优化文化旅游产品和服务的供给。在数字经济时代,借助大数据、云计算等技术可以提升旅游目的地的影响力和吸引力,为文化旅游产品和服务的有效供给提供基础,科技发展为文旅融合发展提供了新的机遇。仍以长三角地区为例，如果在长三角地区现有旅游资源载体的基础上，对文化资源进行创造性转化，实现再生产和再利用，提升长三角地区旅游目的地的形象和吸引力，比如给文化演艺插上科技的翅膀，将沉浸式、体验式、互动式等文化呈现方式与旅游开发相结合，那么将会为长三角地区文化旅游经济的高质量发展注入新的活力。

最后，实现文旅创新式融合发展需要坚持文化产业与旅游产业协同发展。文化产业与旅游产业融合发展并非将两个产业进行简单的叠加，而是要合理地规划二者的功能和定位，实现创新式融合发展。协同发展是两个产业融合发展的前提和基础，既要实现文化资源的传承、保护和利用，也要推动旅游产业的高效发展，在两个产业融合发展过程中，既要实现经济效益的增长，也要高度重视社会效益的提升，最终要通过创新发展思路实现文旅市场的有机融合。

第二节　文化和旅游产业的发展现状

一、国内外文化和旅游产业的发展现状

（一）国外文化和旅游产业的发展现状研究

1.亚洲国家

伊朗具有丰厚的文化遗产，是西亚文化旅游的重要目的地之一，阿利瑞扎·米雷马迪（Alireza Miremadi）等提出旅游业中增长最快的部分是文化遗产旅游的观点；莫哈默德（Mohammad）等通过对伊朗三个城市的旅游研究来探讨音频景点在吸引旅游业投资方面的可行性，得出音频旅游不仅有助于旅游业的发展，而且其丰富程度足以被视为一个独立的主题的结论；塞耶迪（seyedi）等主要是引入旅游地区地貌或特殊地貌遗址的概念，重点强调和研究生态旅游在伊朗克尔曼省的重要作用；多萝西（Dorothy）等主要通过对伊朗卡山地区的国内游客进行玫瑰和玫瑰水旅游及节日调查，证实如果没有酒店业和旅游业的支持，活动和节日旅游就无法发展或壮大；阿布拉·雅自德（Abdollah　Yazdi）等人探讨该地区发展地质旅游的途径，除地貌旅游外，更着重强调历史文化遗产和生态景点的整合对发展旅游业的影响。

南亚方面，对印度旅游的消极方面，如创新不足、安全问题和环境保护等方面进行分析；通过研究喜马拉雅地区的探险、朝圣旅游以及教育旅游，探讨就业和市场能力；采用分层抽样法确定样本量、结构化问卷数据来寻找斯里兰卡与旅游业有关的就业问题；运用SWOT模型和由此导出的矩阵表明孟加拉国现有的旅游活动是不可持续的。

东亚国家对于文化旅游更倾向于文化的输出和保护，我国国内学者研究较多，且倾向于对比。金晓彤、李茉认为日本的"政府推进型模式"为其文化资源发展提供了重要的平台。李彬、于振冲分析了日本投融资模式与市场战略，用翔实的数据论证文化产业所占经济比重。周虹分析了日本文化产业发展的创新路径，并指出对我国文化创新有积极意义。

向勇、权基永指出，韩国有"文化立国"战略，即通过一系列政府决策完成文化产业立国。徐小雨通过研究韩国文化产业的特点、政策、管理体制，为我国文化产业的发展提供思考。王波、郑联盛、王兴帅通过时间和政策分析韩国产融结合模式，对我国构建新机制有一定的借鉴意义。李太福、于慧中认真分析了韩国文化资源的发展，总结其成功经验。

2.美国

值得指出的是，和日韩相比，美国的文化更显强势，相对国内政策，美国的政策大都比较细分，而且脱离政治影响。张彬、杜晓燕指出，政府不直接干预，主要通过创造一系列宽松政策和环境条件来支持发展。侯英认为文化产业竞争力的提升和输出都离不开政府的支持，政府作用举足轻重，美国强化信息交流与组织协调，实现了文化产业发展的统筹发展和竞争力的整体提升。

迟莹、齐晓安分析认为文化产业"走出去"的推进必须与本国的国情及其经济发展程度相适应。我国要注重国内发展与国外竞争的结合，文化传播方式要多元化。王忠从内容、衍生品、版权等角度，重点指出日韩动漫市场火爆的原因。苏毅指出在全球化的浪潮下，美国等发达国家的强势文化很有优势，提升了国家在国际文化领域的影响力。

3.欧洲

欧洲国家文化旅游更偏重于旅游体验。俄罗斯的学者偏向于"住"，如有的学者阐明了与俄罗斯酒店和旅游市场相关的成功因素，为政府提供开发旅游的思路；对俄罗斯游客进行详细分析后更好地了解他们的旅游动机和倾向；土耳其的学者有分析政策类因素的，总结土耳其旅游业的主要步骤，强调了政府在塑造土耳其旅游发展方面的作用,土耳其旅游业从沿海向山区发展,力求文化遗产的保护在冲突和互利方面进行平衡;还有的学者研究促进旅游发展的其他因素,有的学者通过到过西班牙的英国游客,来研究跨文化环境中"文化智能"的重要性;有的学者根据彼得·凯勒(Peter Keller)的假设——战略定价政策可以为瑞士旅游业带来机遇、增强和促进该行业的竞争力和增长,讨论过去10年瑞士旅游业的发展和战略定价的提高,倾向于可持续旅游研究应致力于整体性、系统性和实用性的看法。

4.其他

有学者通过毛里求斯的"飞地旅游"模式,研究飞地旅游对社区福祉的贡献;也有学者通过对巴厘岛旅游业雇员进行了一系列深入的访谈,以因子分析、频数和均值分析为分析工具,研究当地人对巴厘岛旅游业发展的看法;有学者考虑在全球化的背景下,通过案例对小岛屿发展中国家的旅游业尤其对其独特的自然环境和文化、资源进行分析,探索发展途径;有学者利用偏最小二乘法——结构方程模型(PLS-SEM)来分析资料,并探讨经济社会文化指标对绿色旅游的积极影响,为政策研究和实施提供依据;有学者借鉴唯物主义后物质主义假设,对生态旅游意图的前因和支付生态旅游产品的溢价进行探索;有学者认为,绿色旅游并没有得到很好的实施,且部分企业只是冠之以"绿色"的标签。

(二)我国文化和旅游产业的发展现状研究

周建新、胡鹏林认为,我国研究更偏重西方理论,我国各省市发展水平参差不齐,发展方式多样。在各地探索性的发展中,也根据当地环境,形成了独有的特色。吴鹤桐对吉林省旅游资源进行全方位分析,得出其文化旅游资源缺少文化因素的结论。王晗对吉林省冰雪体育旅游资源进行探究,得出其宣传力度不足、管理落后等结论并提出建议。我国江南到沿海一带是轻工业的聚集地,在政策落实、保障措施、攻关创新、人才积累等多方面走在全国前列。方忠、张华荣以福建省六年的面板数据为切入点,发现福建省文化旅游资源整体协调效应不高,互动联系少。国内很多学者对江南一带文化旅游资源予以浓墨重彩,认为江南一带文化旅游不失为其他地域学习的范例,考虑到江南一带景区多且特色鲜明,很多学者更注重文化元素。我国西南地区文化产业目前正快速发展,相关经济占比突出。职雪菲在对文化旅游资源相关已有文献梳理的基础上,结合云南省文化产业与旅游产业的发展现状,从产业融合角度分析二者的融合机制。邹芸详细阐述了四川省文化农业旅游资源的发展融合，探讨发展瓶颈和发展策略。我国西北地区文化旅游产业发展初见端倪，态势良好，考虑到自然环境因素，文化产业与经济发展之间的联系是研究重点，但普遍并未形成支柱型产业。王嘉瑞、董原通过SWOT分析等方法，找准甘肃、陕西文化产业协同发展的衔接点，认为甘肃、陕西应发挥各自的优势，弥补彼此的不足，改变区域内文化产业"各自为政"的局面。柴国君、陈通研究发现内蒙古文化资源与区域经济的耦合协调度呈现S形动态分布，协调—磨合—协调是其基本规律。

二、红色文化旅游产业发展现状

（一）缺乏优质的红色旅游服务

红色旅游和其他旅游相比具有差异性，红色旅游是一种特色旅游产品，从本质上而言红色旅游产品也是一种服务产品，提供优质化服务是旅游行业可持续发展的必要条件，若是旅游服务不尽如人意，游客获得的旅游体验感较差，口口相传，将会有一部分游客群体对革命老区的红色旅游产生抵触情绪。比如，近些年来，延安当地从事旅游行业的人数日益增加，但是行业内部缺乏规范化的管理制度，对旅游从业人员缺乏强有力的培训力度，旅游行业的服务质量始终无法得到有效提升，以致当地旅游行业从业人员缺乏服务意识，影响当地的旅游质量。一些旅游管理人员和工作人员缺乏良好的专业素养，人员素质参差不齐，一些讲解员在讲解过程中甚至说不清延安的历史渊源，讲不好延安故事。同时，延安革命老区的红色旅游还缺乏综合素质较高的导游人才和旅游策划人才，以致延安旅游管理服务质量迟迟无法提升。

（二）缺乏完善的红色旅游基础设备

交通问题是开展红色旅游的基础和前提，只有交通便利快捷，人们才愿意前来参观，若是交通不便捷，旅游人员会找不到特定景区，旅游体验降低，从而影响游客对景区的印象。比如，延安属于革命老区，具有丰富的旅游资源，相对而言，以延安城为中心的外围交通较为便利，但是市区内的交通却较为拥堵。究其原因，是因为延安城区能够被用于城市发展建设的土地资源十分有限，老城区人口众多，人口密度超标，交通承载力较大，容易造成市区交通拥挤。特别是在节假日的时候，大量游客涌向市区，进一步加重了市区的交通负担。对于食宿条件和娱乐设备而言，延安经过较长时间的发展，拥有了较强的旅游接待能力，能够在市区建立不同层次的宾馆和酒店，但是缺乏具有当地地域文化特色的食宿和游乐设施。

（三）游客缺乏良好的旅游参与感和体验感

很多革命老区拥有丰富的红色旅游资源，但是革命老区没有真正发挥革命老区红色旅游资源的优势作用，对红色旅游资源的挖掘仅仅停留在参观讲解的层面，而没有深入挖掘，提高游客的参与感和体验感。比如，某些革命老区在红色旅游资源的展现上只是进行平面化的展示和静态的陈列，在每一件展品上配以图片文字解说，这种展示方式乏善可陈，枯燥无趣，无法满足游客的消费需求，更无法吸引游客，激发游客的情感共鸣。

三、文化旅游品牌发展现状

（一）文化旅游品牌发展现状

文化旅游顾名思义就是将文化和旅游建设结合在一起，共同推进文化旅游的品牌建设。我国是一个拥有5000多年历史的文明古国，且是集山地、高原、盆地、平原、丘陵多种地形地貌于一体的文化旅游资源大国，数千年的文脉传承、多元统一的民族文化，造就了我国多彩的文化。据统计，我国可供观光旅游的景区就有约2.6万余处，到2019年末全国各类文化和旅游单位总量已突破35万余个。若将各地民俗、民风以及大量的非物质文化遗产资源与当地旅游资源相结合，树立文化旅游品牌，那么必定会出现百花齐放、百家争鸣的现象。

然而，当下我国的文化旅游建设表现为以下几个特点：没有真正地做到产业融合，文化宣传和旅游资源开发方面还存在差距，只是实现了文化与旅游资源的简单相加，并没有发挥很好的品牌效应，没有真正对游客产生吸引力；文化旅游建设品牌定位不清晰，前期对于地区文化与旅游资源的建设开发规划不到位，没有形成完整的文化旅游产业链，不能给游客带来深入的文化体验和消费体验；文化旅游的品牌形象不够完善，不能彰显地区文化旅游特色，没有充分地将当地的自然资源特色、传统技艺以及文化魅力展示出来，打造独特的宣传主题；文化旅游的开发投资结构过于单一，缺乏对外交流合作，往往大部分地区的文化旅游产业融合都是政府投资建设，进而带动地方经济发展，很少有民间投资主动参与，这在一定程度上就降低了文化旅游建设以及营销宣传的活力；文化旅游的产业融合，作为一种新兴产业，相对应的人才资源也有一定程度的短缺，造成了现在整体营销水平和文化产业服务建设水平不高。

（二）文化旅游品牌建设面临的问题

1.品牌意识不足

区别于传统的旅游发展建设，现阶段要做到地区文化特色与旅游资源开发的产业融合就必须树立品牌意识，但是现阶段国内文化旅游产品同质化现象严重，毫无创意、全无特色的文化旅游品牌盛行。缺乏创意的品牌其市场竞争力必然薄弱，更无法产生品牌效益。尤其在偏远的乡村开展的旅游文化建设和农业休闲旅游项目，常给游客一种千篇一律的感觉。

旅游文化产业融合没有品牌意识，一方面是由于对旅游资源的开发缺乏一定的深度，没有很好地探究当地旅游资源的特色，只是盲目地借鉴和复制其他地区文化旅游产业融合建设的经验和模式，最终导致产品缺乏独特性，对游客的吸引力不强；另一方面，在实际旅游过程中，文化和旅游之间的联系并不是很深入，不能使游客真正地感受到具有地方特色的民俗文化，而且具有特殊纪念意义的标志性地方产品也没有很好地向游客展示出来，不能激发出游客的消费兴趣和游览兴趣。

2.品牌定位不清晰

定位文化旅游品牌，目的是创造鲜明的个性和树立独特的形象，以赢得市场竞争。在打造地域旅游文化产业融合的过程中，一些规划者与建设者缺乏明晰的品牌定位，在品牌定位上存在极大盲目性，脱离实际需求，从而使旅游产品缺乏生命力，失去了地域文化的特色和传统的艺术形象价值，而真正能够体现当地民族文化特色、文化品位高的旅游商品数量甚少。不能让游客留下很深的印象，不能使游客在以后回忆的过程中一提起某个地方就会联想到特定的事物，最终只会面临淘汰的命运。例如，在一些旅游胜地，游客们在途中看到的文化商品基本类似，都是机械化批量生产的拐杖、山石、针织饰品、挂件等商品。

在政府以及相关部门进行地域文化旅游产业融合的品牌建设的过程中，如果没有深入挖掘地区旅游资源和地区民俗文化、传统技艺等之间的内在联系，就很难为之后地域文化旅游建设品牌定位提供良好的理论指导，而不构建专门负责旅游文化品牌管理组织部门以及相对应的旅游文化管理体系以支持相关工作的开展，就会进一步影响地域文化旅游品牌定位的建设。对于目前的消费者来说，单一的旅游文化品牌定位宣传很难满足其不同的消费需求，消费者更希望在旅行中既能体会到当地的文化特色和优美的自然风光，还能享受到一系列配套的衣、食、住、行、娱乐、休闲等相关配套设施。现在很多地区的民俗文化和传统特色都是围绕着当地的地域文化特色和旅游资源来展现的，品牌定位比较单一，要不就是只从地域文化着手去进行品牌定位宣传，要不就是从当地丰富的自然资源入手进行定位宣传。

因此，文化旅游的品牌定位必须以消费者为中心，多方位、多角度地去实行地域文化旅游的品牌定位。

3.品牌形象不完善

品牌形象指的是消费者在认识和了解品牌之后对品牌产生的一定的认知和感受并对于品牌生成的品牌评价。一个品牌的品牌形象也会带动消费者的消费意向，但在树立文化旅游品牌形象方面，好多地区的文化旅游品牌形象塑造并不完善，对引入客流、带动地区旅游业发展的推动力不足，这主要体现在地区文化旅游品牌的核心竞争力价值普通、品牌形象宣传特色不够明显以及地区文化旅游品牌形象定位不精准等方面。一些地区对于品牌的优势挖掘深度不够，没有采取专业化的研究。地区文化旅游的品牌形象作为文化旅游宣传的侧重点，是一个品牌价值的体现，品牌最具有价值的方面往往均呈现在中心价值层面，而且品牌形象的特殊性是其为地区文化旅游带来的隐性价值。现阶段，我国好多地区的文化旅游发展的困境主要表现在主题形象单一，时常打造一两件产品形象作为地区文化旅游特点，没有突出地区文化重点，使游客来了之后并没有真正地感受到地区的文化旅游特色。

因此，在建立地区文化旅游品牌时要不断完善地区旅游的整体品牌形象，因为在相对突出地区整体形象下打造地区产品形象不仅可以推动地区文化旅游的形象完善，还可以更加凝聚产品形象，使游客对于地区文化旅游的想象更加具体，更有利于地区整合旅游文化资源和自然资源，建立统一的地区文化旅游品牌。

4.缺乏对外交流合作

在2021年全国文化和旅游厅局长会议上，文化和旅游部党组书记、部长胡和平部署了2021年文化和旅游工作的主要任务。其中，提到要提高服务元首外交、配合重大外事活动水平；健全政府间文化和旅游交流合作机制；积极参与国际组织工作，提升话语权。制订"十四五"时期"一带一路"行动计划。继续加强丝绸之路国际剧院、博物馆、艺术节、图书馆、美术馆联盟建设。持续打造"欢乐春节""美丽中国"等品牌项目。办好"聚焦中国""意会中国"等线上交流活动。

由此可以看出，中央对于文化旅游产业融合项目的对外交流合作极为重视，因此，在地区的文化旅游建设过程中加强对外的交流合作不仅响应了中央关于文化旅游发展的号召，还为地区的文化旅游产业建设增添了活力。

5.营销管理水平较低

旅游文化营销是指旅游业经营者运用旅游资源通过对文化理念的设计创造来提升旅游产品服务的附加值，在满足和创造旅游消费者对真善美的文化需求中，实现市场交换的一种营销方式。从市场需求角度讲，文化指的是其深层结构意识部分，即由价值观念、审美情趣、行为取向等所构成的旅游者的文化心态；从产品角度讲，文化指的是产品的文化内涵与文化特征，是旅游产品的核心属性。旅游文化营销是一种营销战略，它一方面通过对文化需求的把握和顺应来实现旅游者最高层次的文化满足；另一方面，通过对旅游产品文化内涵的挖掘和包装，实现旅游产品价值的最大化。

现阶段，旅游文化营销形式单一、旅游产品粗制滥造的情况屡见不鲜，例如，旅游地区常见的一些产品千篇一律，缺少特色。这都要归结于地区旅游文化的营销管理水平低下，没有真正地抓住地方旅游文化特色，只是在一味地模仿和复制，缺乏营销管理理念。

第三节　文化和旅游产业的发展趋势

一、文化旅游转型的必然性

随着经济发展，旅游发展进入休闲度假时代，旅游发展模式和内部结构发生改变。旅游者需求由景区观光旅游为主向休闲旅游、度假旅游、专项旅游等多元需求转变；旅游景区突破门票经济的禁锢，向开放式景区转变；旅游业态由单一观光旅游向休闲度假旅游、创意旅游、户外探险旅游、遗址旅游、文化旅游、科技旅游、绿色低碳旅游转型。一系列的转变使得传统旅游产品、业态、发展方式不能完全满足时代发展的要求，甚至阻碍旅游业的健康可持续发展。同时，党的十九大指出我国经济已由高速增长向高质量发展转型，旅游作为国民经济的重要产业，对推动中国经济发展具有一定的贡献，促进旅游业转型发展、提高旅游业发展质量成为时代发展的必然趋势。

二、文化和旅游产业品牌化

（一）树立品牌意识

在当今的文化旅游市场竞争中，品牌是不可或缺的财富，是获得长久发展的法宝，是赢得市场竞争的武器。一个地区的文化旅游项目发展的好坏，主要取决于游客对于这个项目的认可度和满意度，游客对知名度和评价度高的景区倾向性更大，而打造文化旅游项目的认可度和满意度的关键是树立景区品牌意识。

旅游品牌想要在万千云集的国内外旅游项目中凸显出来，必须要明确自身文化旅游项目发展的优势，只有独具特色的文化旅游项目和产品才会吸引众多游客的目光。增强地区旅游文化品牌发展意识，打造地域旅游文化品牌需要从当地的经济发展入手。经济发展基础薄弱、人民群众文化旅游发展意识相对落后的地区，政府要适当进行引导，加大资金投入以改善当地人民群众的生活质量，让民众看到文化旅游发展的优势，为之后打造地域文化旅游品牌、进行旅游形象宣传打下良好的基础，而在经济发展速度快的地区打造文化旅行品牌的过程中，要更加注重完善和展现一体化、个性化，将城市与景区的发展利益结合起来，利用各种优惠政策和保护措施等发展手段，将各种文化资源和城市自然风光完美地结合在一起，多方面、多角度地展示地域旅游文化的特色。

文化旅游品牌建设将是我国旅游业发展的必然趋势，也是相关从业者必须重视的发展方向。地区文化旅游发展项目的设计、包装、推广都是以品牌为中心，要想抓住旅游市场，为景区迎来更多的游客，就必须增强品牌意识，打造一个独具特色的文化旅游品牌。因此，今后文化旅游的发展，必须建设独具特色、不可复制的文化旅游产品品牌。

（二）明确品牌定位

众所周知，明确的品牌定位是一个文化旅游项目赢得市场竞争力的关键，现如今，游客对于旅游地点的旅游体验和游玩感受的要求越来越高，一个地方的文化旅游项目要想在国内乃至世界众多的旅游项目中独树一帜，让游客愿意从线上的宣传和评价中走出来，实地去探访一番，明确的旅游品牌定位是吸引游客的关键。

文化和旅游在旅游产业发展变革过程中要想真正地实现协同发展，就必须要搞清楚景区发展的文化优势和旅游优势以及两者能够实现融合的共通点，因此，在景区的品牌定位塑造过程中要因地制宜，结合当地的旅游资源与文化资源，为旅游产品增加一定的内涵，使文化旅游产品能够在一定程度上代表当地的地区形象或者能够体现当地民俗的特点，使游客在游玩过程中能够感受到特别的地区特色与当地的风土人情。当下，文化与旅游产品结合得越紧密，游客对于当地的景区形象就会感受得越具体，俗话说"腹有诗书气自华"，旅游产品也是如此，一个好的旅游景区若能与文化很好地结合，则对于整个景区的发展与"气质"的提升也很有帮助。虽然现在出现了很多的网红打卡地，但一个景区若想真正长久发展就需要拥有都属于自己的一份文化魅力，现在越来越多的游客不仅仅关注景区本身，而且更加关注旅游产品背后的故事，一份有地方特色与文化内涵的旅游产品会为游客的旅行过程增添一分意义，因此，景区在发展过程中，要能够满足现代游客的需求，为游客讲出专属于自己的一份故事，让游客能够感受到人情、美景的同时更加开阔自己的眼界。同时，为宣扬地区文化特色与构建新兴旅游文化产业提供新动力。

与此同时，对于地区古建筑以及一系列的文化遗址的保护措施，都在挖掘地区文化资源与旅游产业融合过程中得到进一步的完善，在保护与修复过程中，增加现代元素与创新手段，使地区文化旅游品牌的定位更加明晰，把文化有机融入旅游的吃、住、行、游、购、娱各项环节中，使游客无时不在文化消费，无刻不在文化体验。

（三）完善品牌营销形象

为了打造更加全面的文化旅游品牌，必须更加完善地勾画出独具魅力的品牌形象，往往在地区旅游文化品牌形象的塑造过程中，会结合考虑本地的民俗文化、风土人情、地区经济状况等诸多因素，这样能够更加彰显该地区的旅游资源优势，更加有针对性地打造旅游文化品牌形象。例如，作为五岳之首的泰山，有着悠久的历史以及像泰山石敢当等许多传奇的故事，更有着像一亩松、探海石、斩云剑这些大自然的鬼斧神工，围绕"东岳泰山"这个大品牌，通过举办泰山登山艺术节、中华泰山·封禅大典、贺年会等活动向游客讲好泰山故事，使游客更加了解泰山精神与泰山品牌，同时加大与《中国旅游报》《大众日报》《齐鲁晚报》《泰安日报》等各大报纸，以及微信、抖音等媒介平台的营销宣传合作力度，使宣传推广工作将文化和旅游深度融合，如央视《朝闻天下》是在2021年首日播出泰山日出，期盼红日初升，祈福国泰民安，助推泰山更进一步打造精品文旅路线，提升平安泰山、好客泰山、文化泰山等文旅品牌形象。

由此可知，在地区的文化旅游形象构建过程中，可以学习其他地区的成功经验，充分整合地区的文化资源，将能够体现地区特色的历史文化与民间习俗等充分融合进文化旅游品牌形象中，这样才有可能会吸引游客的瞩目，为地区未来文化旅游的发展注入活力。

（四）提高营销管理水平

在营销管理方面要提升地区的文化旅游竞争优势，需要政府以及管理者在进行旅游项目资源开发和地区文化特色探究的过程中，更好地将地区文化内涵与旅游景点相结合，在旅游产品的开发、设计等方面，尽量满足游客的消费需求和体验需求，突出地区旅游文化特色，将地区人文景观和自然景观结合展示，体现景区知识化的特点。

由于我们国家拥有悠久的历史、多民族的文化以及丰富的自然资源，因此，在进行地区旅游文化营销过程中要抓住地区历史遗迹与传统文化价值的作用，深入挖掘旅游产品内涵，例如，洛阳作为中华历史上的十三朝古都，诞生了许许多多悠久的历史文化与历史故事，其与儒、释、道思想的形成有着千丝万缕的联系，对日本、韩国、新加坡等国家的影响也极为深远和极为广泛。由此，洛阳可以借助这个文化渊源打响三教文化品牌，为弘扬和传播中国传统思想文化做出积极贡献。而与这类文化宣传对应的旅游资源包括中原第一峰老君山、北魏皇家寺庙的永宁寺以及龙门石窟和白马寺。因此在旅游资源品牌打造过程中要注重旅游资源与文化的结合。

旅游景区的规划者和经营者在景区游览环境和氛围营造上应该追求个性化发展，在营销手段上可以采用典故文化营销、主题文化公园营销、精神文化营销等方式，要根据当地特色来选择最适合的营销方式。当地若有知名的历史人物或者神话传说等可以采用典故文化营销。例如，赵国邯郸故城位于今河北省邯郸市，拥有众多脍炙人口的成语故事。而主题文化公园营销则是人工打造的集娱乐、休闲、文化传播于一体的营销方式，较为成功的有现在特别火的方特主题公园等。而精神文化营销方式的典型，如西柏坡红色旅游基地，这类营销方式是通过传播有关的思想意识和价值观念开展旅游营销活动。总而言之，地区文化旅游管理经营者的营销管理水平与营销方式的选择在很大程度上影响着景区未来的发展。

随着文化和旅游产业融合的不断深入，旅游的特色越来越多地表现在文化差异上，通过文化资源和传统技艺的支撑和包装，提升了游客旅游时的体验，而通过旅游，也使得越来越多的地区传统文化和民俗技艺得到挖掘和推广，有效地扩展了文化和旅游产业融合的价值空间。同时，文化旅游产业的发展，对于带动地区经济的发展也有很强的促进作用，但也要因地制宜地把握好地区文化旅游的品牌建设，要从地区经济、民俗习惯、历史文化、历史遗迹、自然景观等多角度去考虑分析品牌的建设和形象定位，打造出别具一格、独具特色的文化旅游地域品牌，为今后的文化旅游发展打下基础。

三、文化和旅游产业的便捷化和科技化

相较于传统旅游业，不断革新的信息技术、快速发展的市场经济、先进的旅游形式为文化旅游产业提供了强有力的经济支撑，各大相关企业面临着极大的机遇和挑战。企业必须紧抓历史机遇，借助电子科技技术，革新旧模式，确保旅游行业的发展生机，实现旅游模式的便捷化和科技化。

第一，在科学技术的迅速发展下，技术对于旅游的影响越来越大。在旅游业中，对技术的使用主要涉及交通和信息技术两方面。消费者在旅游过程中，往往需要用到在线网站查阅旅游相关信息，需要使用一些移动支付平台和媒介等，以提高其旅游便利性。游客可以利用互联网络技术设计自己的旅游线路，选择旅游目的地，住宿酒店，线上支付等。不断提升信息技术，有助于在互联网的普及下发展旅游业。

第二，在旅游市场上，游客的精神需求不断提高，希望能够体验到更好的旅游服务产品。一个旅游公司在业内的口碑如何，不单单要有过硬的旅游资源，还需要素质过硬的服务人员，所以被聘的工作人员的业务素质和职业道德显得非常重要。旅游公司在招聘人才时，除采取就近原则外，必须规范用人标准。可以选择互联网就业，也可以利用校企合作，定向培养人才，规范其道德标准，也可以加大人才培训力度，提高旅游公司的人才形象以及素质，提升旅游公司形象，在与同行竞争中增加经济效益。

第三，大数据时代，在分析旅游产业各项数据时，使用该项新兴技术有助于科学预测旅游业的发展趋势。由于移动终端数量众多，而且层出不穷，为了能够准确获得游客信息，必须运用新型科技手段有效整合客源量信息，这样公司才能够更好地分析客源量需求，制定科学的旅游规划。鉴于上述原因，利用大数据分析技术成为不二选择，依靠互联网络平台，及时追踪客源的旅游胜地偏好、消费

行为趋势、线上支付手段、路线选择等。移动智能设备能够高效整合数据，能够根据客源需求传送有价值的信息，为游客节省更多的精力。

总而言之，文化旅游产业在发展过程中，必须加强智能化、信息化建设，打造完善的云端数据库，并基于互联网络发展平台，拓展移动终端业务，推动该公司智能化服务，紧跟时代发展，加强设备智能化建设。

四、文化和旅游产业的创新化

文化和旅游产业创新主要是借助主动性及创造力，挖掘文化因素的内涵，运用先进技术，开发产业化方式，开拓知识产权营销渠道。它不同于传统文化产业营销模式，它能结合当下时代发展趋势创造出新文化形态，打破产业发展模式。作为多体系的、多层次的新兴领域，文化旅游产业创新具有巨大的价值，是一种高端化产业形式，其产业形式特征为跨部门、多行业领域。

文化旅游产业不仅为旅游主体打造兼有观光、欣赏、休闲、购物和体验相关的文化旅游项目，也开发出了一系列深文化、可参与的活动。文化旅游创新从本质层面而言，就是强调文化领域的创新与旅游项目相结合。按照产业融合的概念定义，文化创新产业和旅游产业之间已经满足融合的基本条件，两者在资源开发过程中存在互补交融，且产业边界并不十分明确，因此可以形成文化旅游创新。

在进行产业链分析时，要重视不同行业内部潜在关联。文化旅游创新是多个业务和产业形态的综合体现，其中包括项目分析、市场营销、品牌包装等。通常旅游业是指与旅游有关的所有产业，借助旅游资源开发利用、旅游产品销售和旅游服务提供，为游客提供多元活动的行业。文化创新行业与旅游业能够在不少环节形成直接融合，如项目创意、产品制造、市场营销、服务提供等。文化旅游创新科学地整合了文化资源和旅游资源，不仅推动旅游业发展，而且更好地提升了文化产品的质量。现阶段城市民众面临生产节奏较快、生活压力较大等问题，渴望在自然风光和文化娱乐项目中放松心情、舒缓压力，且创意产品可以激发民众心中存在的隐性文化认知，进而提升游客体验感，从情感层面实现认同。创意旅游产品可结合丰富的营销策略激发消费者购买欲望，游客在获得旅游体验之后也会形成选购文化创新旅游产品的兴趣，这使得两项产业能够在融合过程中实现共赢。这种以文化创新促进旅游业和推动文化旅游公司的发展的产业，会成为今后旅游行业的一个发展趋势。

五、文化和旅游产业的多元化

随着人们闲暇时间的增加和可支配收入的提高，旅游产业也得到了快速发展，越来越多的社会民众参与到旅游活动中。旅游不仅具有庞大的消费基础，也能够打破过往的区位观念、民族观念，且在完善的交通网络支持下，旅游淡旺季也不如过往分明。

在旅游产业发展早期，游客的旅游目的大多为观赏美景、参观古迹，随着时代发展和精神文明建设的推进，游客对于旅游的要求也逐渐增多，更倾向于在旅游活动中获得知识、放松身心、实现体验。这意味着旅游产业在形式层面、内容层面均需要做出主动创新，展现出多元化发展趋势。为迎合市场发展需求，创意产业和创意服务应运而生，旅游景区和地区文化相结合，形成文化创新旅游产业，这不仅符合文化领域和旅游领域融合发展的需要，也可以提高旅游产业的发展质量。

第三章　文化和旅游产业的资源

文化和旅游产业在现阶段跨越式发展过程中，通过资源互补、经验共享等形式，对文化旅游资源进行整合，推动区域文化和旅游产业项目建设，提高文化和旅游产业地位。本章分为旅游资源和文化旅游产业资源、旅游资源和文化产业的分类、文化旅游产业资源的分类三部分。主要包括旅游资源概念及内涵、文化旅游产业资源相关概念及典型资源分析、旅游资源的分类、现代文化产业的分类等内容。

第一节　旅游资源和文化旅游产业资源

一、旅游资源的概念及内涵

旅游是非定居者的旅行和暂时居留而引起的一种现象及关系的总和。旅游包含目的、距离和时间等要素，用于消遣、娱乐、商务等事务。

旅游资源是旅游业的基础，主要包含自然风景和人文景观，是自然界与人类社会中凡能对旅游者产生吸引力，可以为旅游业开发利用，并可产生经济效益、社会效益和环境效益的各种事物和因素的总和。旅游资源是旅游活动的对象，因为旅游资源的存在，才具有旅游吸引力，引导游客进行空间上的位移，形成旅游活动。

旅游资源能快速带动相关行业的发展，促进经济转型升级，关联度高，有很强的综合效应和产业融合作用，有利于调结构、促内需、保就业。梅芊认为旅游产业关联度较强，要注重游客整体体验的满意度；旅游产品方面，认为其具有综合性、地域特殊性和定点性等多个特征，同时指出，旅游产品是一种物质、精神和情感体验的综合体。马国强主要从旅游资源集聚、要素积累与旅游经济增长三方面进行分析，着重考虑旅游资源要素多元化和发展模式集聚化的方向。

二、文化旅游产业资源

（一）相关概念

1.文化资源

当今时代，文化已经是影响国家软实力的重要因素，是综合国力不可或缺的部分。文化资源是人们从事文化生活和生产所必需的前提准备。文化资源与时代背景息息相关，离不开人文、地域、环境等综合因素的影响，文化资源是人类生活的痕迹，文化传承离不开人类文明。

发展文化资源，要以不忘本来、吸收外来、面向未来的态度，从传承过去、对接当下和发展未来的高度增强文化自信，使中华民族文化基因与当代文化相适应、与现代社会相协调。在我国一些大中城市，文化产业增加值占GDP的比重已超过5%，成为经济发展的支柱产业。黄芙蓉点明了文化产业的三个特点：一是文化产业是我国国民经济不可分割的重要组成部分；二是文化产业的定位是与当前整体经济发展息息相关的；三是文化产业要转为精细化方向，尤其是数据等相关信息，以求更精准地为文化产业发展提供依据。有学者从另外角度分析其特点，主要代表有王猛，他从文化资源的集聚角度考虑，认为影响文化资源的因素比较多元，更应考虑人力、制度、经济、知识等因素。侯英考虑生命周期理论和金融体系，认为文化企业的发展经历不同的阶段，在文化资源投资需求和风险因素方面各有不同。

2018年4月2日，国家统计局颁布了新修订的《文化及相关产业分类（2018）》。本次新修订的分类标准结构变化大、涉及范围广，将以"互联网+"为依托的文化新业态及时纳入统计范围，是文化体制改革和发展工作的重要成果。

2.文化旅游资源

文化旅游已经成为一个整体，不可分割。文化旅游的概念正在不断扩展，包括一些历史古迹、主题园区以及影视动漫等，均被视作文化旅游资源。由于文化和旅游的不断深度融合、文化旅游产品的开发、自然景区加之以人文历史的改造等，其界限并不清晰，领域也逐渐扩大。类似旅游类营销展览、策划展览等满足人民美好生活需要的，提高人民生活幸福感和满意度的资源，正逐渐成为文化旅游的融合点和发展方向。

文化旅游资源是人类社会和自然界中能够吸引旅游者且体现人类文化底蕴的各种因素的总称，可以使人们产生体验和消费的欲望，具有强烈的感知色彩。文化和旅游的水乳交融，更显历史的厚重感与人文的欣赏感，使旅游者本身产生强烈的求知欲和探索欲。

3.文化旅游产业资源

一个产业的发展需要各种要素条件的支撑，旅游产业也不例外，除了旅游资源之外，一定程度的经济发展水平、便捷的交通设施、健全的服务系统等也是旅游产业发展不可或缺的重要因素。

与传统旅游产业相比，文化旅游产业是依靠创意人的智慧、天赋和现代高新技术，对一个国家或地区的文化旅游资源用新的思维方式认识、利用、转化、开发、经营和管理，进行文化内涵的深度挖掘和产业开发，从而创造经济效益和社会效益的产业。

（二）文化旅游产业的主要特点

一是以文化为核心，以市场为导向，注重创意和创造性开发。文化旅游产业更加注重旅游资源文化内涵的挖掘，注重人的创意和创造能力的发挥，进而依据市场规律，进行产业化的运作，进一步拓展和延伸旅游资源的价值。而且，文化旅游产业与新技术的进步密切相关，新技术的重要性更加突出。

二是产业发展从传统侧重生产者角度转向现在的以旅游者为重心的旅游产业时代，注重满足旅游者多样化、个性化的精神需求。

三是产业融合性更高，联动性更强。文化旅游产业促使传统旅游产业进一步与演出产业、影视产业等其他文化产业融合，有助于传统旅游产业的转型和升级，为其注入新的发展助推力。同时，文化旅游产业具有对演出产业、影视产业等其他相关产业的强大的带动效应，能够推动这些产业的发展，从而推动整个国民经济的不断进步。

因此，相对于传统旅游产业而言，新兴的文化旅游产业的产业资源涉及要素更加广泛，产业融合性更强，不仅仅包括旅游资源、旅游方式、旅游服务系统等方面，还包括创意策划公司和人员、演出产业、影视产业等，这些也成为推动当代社会旅游产业进一步发展和转型的至关重要的因素。龚绍方认为文化旅游产业系统应包括三个层次，核心层是文化旅游景区企业，中间层是产业相关要素供应商，最外围是产业相关管理机构和服务企业，外层是为内层服务的。

文化资源与旅游资源在结合过程中开发利用，有助于文化产业迅速发展，为旅产业联动建设创造条件，进而提升旅游目的地市场影响力。旅游企业在当地具有较高知名度，对推动地方旅游业发展起到积极作用，可以通过文旅融合的方式提高企业业务收入规模。

（三）典型文化旅游产业资源

1.餐饮文化旅游资源

餐饮文化与餐饮相关的各种文化现象的总称，属于人文旅游资源的一种。赵荣光认为餐饮文化包含了食物原料开发与利用、食品制作和饮食消费过程中的技术、科学、艺术，以及以饮食为基础的习俗、传统、思想和哲学，即食品生产、生活、事象、思想、风俗等"六食"的总和。

餐饮文化旅游开发是餐饮文化与旅游资源的有机结合。伴随经济水平和旅游者学历、文化水平的提高，传统的旅游活动已逐渐不适应新时代消费群体的需求。求新求异、参与体验性和趣味性强的旅游商品已成为旅游者关注的焦点。因此，餐饮文化旅游资源开发不能把目光局限于食品品尝的层次，还要关注美食所蕴含的文化及带给消费者的体验，如餐饮文化的历史脉络和文化渊源、参与制作食品菜肴的过程等。餐饮文化旅游资源具有以下特点。

一是文化地域性。一方水土养一方人，说明了餐饮文化旅游资源具有地域性特点。自然地理环境的不同使得餐饮文化旅游资源地域性特征明显。这种餐饮文化旅游资源的地域性特点主要是因为不同地域的食材原料、气候环境、人文心理和经济发展状况等因素的不同而产生。首先，食材原料对餐饮文化的产生和发展具有基础性作用，也是餐饮文化呈现地域性特征的重要原因之一。最典型的例子就是我国南方因盛产水稻，使得南方人餐桌上的主食以米饭为主，而北方较为广泛地种植小麦等作物，导致北方地区主要以面食为主食。除此之外，内陆地区的荤食原料常常以鸡鸭、猪牛羊等家禽家畜肉为主，一般情况下内陆地区的人们不善于制作海鲜类食物。而沿海地区的人们恰恰相反，他们的海鲜食材原料丰富，烹制海鲜食品的技艺也十分成熟。

二是文化内涵性。餐饮文化旅游资源单纯来看只是一道菜肴或地方风味小吃，其功能与价值也主要体现在果腹与品尝上。餐饮文化自古有之，一道菜肴背后的历史可能就是一部民族史。餐饮文化旅游资源还反映着一个地区的宗教信仰、风俗习惯、礼仪禁忌等。在中华民族众多文化遗产中，有很多饮食文化，如东坡肉、北京烤鸭、中国白酒等都是蜚声中外、享誉世界。

三是体验性。游客享用美食是一种体验，享受餐饮服务又是一种不同的体验。相比其他旅游活动，体验性是餐饮文化旅游最明显的特征。游客可以了解餐饮相关文化，并以适当方式参与其中，享受餐饮活动所带来的快乐。纯表演性质的旅游已不符合现代人对于旅游的需求，旅游者追求的是接近自然、回归本真的体验。众多旅游者期望参与到食物的制作过程中，感受制作食品的流程和工艺，动手制作烹调、盛放食物的炊具、餐具，自己动手完成美食制作。游客在整个过程中发挥主观能动性，从被动变为主动，享受真正的餐饮文化体验旅游。

2.红色文化旅游资源

红色文化是中国共产党领导人民反抗斗争，取得国家统一、民族富强过程中形成的独特文化，其文旅融合类型是红色文化与旅游的融合，也即红色旅游。国外学者的研究较多集中在历史文化遗产旅游和以灾难事件发生地点为代表的黑色旅游等。如强尼·布莱尔（Jonny Blair）认为战争旅游是在著名的战争发生地进行身体和精神的双重体验，在保证安全管理的前提下开展相关旅游活动可以使人深入体验其中的文化。亚伦（Aaron）对黑色旅游地区进行研究后，认为旅游者的文化、知识背景与旅游体验之间有着重要的联系。此外，也有学者提出通过政策、法律等方面的制定和完善来保障当地文化旅游的发展。

红色文化旅游资源包括了红色文化的精神层面和物质载体两个方面。物质资源包括革命旧址、故居、革命纪念馆等，例如延安境内的旧址和纪念馆：枣园革命旧址、七大召开地杨家岭革命旧址、南泥湾等一系列旧址，也有各种教育、战斗、医院、经济金融、新闻宣传机构等旧址。丰富的红色文化资源不仅提升了当地人民的思想层次，还为延安特色文化产业的发展奠定了良好基础。红色文化的精神层面主要包括富含革命斗争精神的非物质文化资源，如革命军事理论家留下来的大部分理论著作、具有时代印记的红色文艺作品以及具有民俗特色的红色作品等，都是延安的特色名片。

第二节　旅游资源和文化产业的分类

一、旅游资源的分类

（一）按照旅游资源性状分类

1.自然旅游资源

自然旅游资源是指在自然环境中形成的、对旅游者具有吸引力且能够被用来创造经济效益和社会效益的自然环境和自然景观。自然旅游资源划分为四类：地文景观、水域风光、生物景观和天象与气候景观。

2.人文旅游资源

人文旅游资源是指人类在认识世界和改造世界的生产实践和社会生活过程中创造的文明成果。人文旅游资源又可以分为四大类：即遗址遗迹类、建筑与设施类、旅游商品类和人文活动类。

（二）按照旅游资源开发利用的程度分类

1.潜在的旅游资源

潜在的旅游资源是指具有吸引功能，但是目前尚未开发或者尚无条件开发的资源形态。这类资源可能是由于其独特的价值尚未为人们完全认知，也可能是由于目前技术、资金、政策、市场等条件不具备而无法供人们开发使用。

2.现实态的旅游资源

现实态的旅游资源是指已经被人们开发利用来创造经济效益和社会效益的旅游资源。它是支撑旅游业发展的基础和根本。

（三）按照旅游资源吸引力和影响力大小分类

1.世界级旅游资源

世界级旅游资源是指被联合国教科文组织审定公布的世界文化与自然遗产、世界地质公园和世界生物圈保护区、"人类口述和非物质遗产代表作"项目等。这些旅游资源具有世界性的影响力和吸引力，其客源市场包括国内市场和国际市场。

2.国家级旅游资源

国家级旅游资是指由国家级行政管理部门审批通过的、具有较大的历史文化价值和审美价值的旅游资源，主要包括国家重点风景名胜区、国家旅游度假区、国家地质公园、全国工农业旅游示范点、国家地质公园、国家森林公园、国家级非物质文化遗产、国家历史文化名城（镇、村）、全国红色旅游经典景区等。

3.省级旅游资源

省级旅游资源是指由省级行政管理部门审批通过的、能够代表本省自然特色和文化特色的旅游资源。这类资源往往在省内比较知名，吸引的多是本省或者省外的游客。

4.市（县）级旅游资源

市（县）级旅游资源是指由市（县）级行政管理部门审批通过的、能够代表当地的自然特色和文化特色的旅游资源，知名度比较低，吸引力也比较低。

（四）其他

另外，按照旅游资源的性质和功能，可以将旅游资源划分为观光游览型、购物型、度假型和参与型等。

二、现代文化产业的分类

中国现代文化产业史，前后虽然不过百余年，但可称得上斑斓多彩。因为现代文化产业的形态，如唱片、电影、广播、话剧、画报等基本上都是"亘古未有之物"，现代文化产业自然也成了"前人未辟之境"。如果要对上述这些形态进行分类，笔者认为并非易事。因为如果按照传统学科的分类方式，有些文化形态本身是多元的，难以归于具体的哪一类。譬如唱片，它既可能在唱片店售卖，亦有可能在广播电台播放；再譬如画报，它的设计、上色本身就是工艺美术的一种，与月份牌、海报及平面广告设计大同小异。因此，在很大程度上，现代文化产业的具体形态本身是"你中有我，我中有你"的混杂状态，举一则能反三，牵一发而动全身，这与中国古代传统文化形态差别甚大。

在中国现代文化产业史渐成研究热门的当下，弄清中国现代文化产业的分类问题显然很有必要。面对错综复杂、多元多样的中国现代文化产业诸要素，在研究的过程中若不分类，则难免顾此失彼，有失客观，而且对于中国现代文化产业的分类，也让中国现代文化产业史的研究更为明晰。

对于这一问题，学界的研究几乎为空白。因为受制于学科之间的壁垒，迄今为止尚无一部"中国现代文化产业史"问世，海内外不同学者对于中国现代文化产业的研究，也是就自己学科强项，从不同方面对中国现代文化产业诸要素进行研讨，虽然成果丰硕，但却存在着一个关键性的瓶颈问题，即忽视的领域不少，重复的研究较多，总体性、系统性的研究依然缺乏。究其原因，乃是因为中国现代文化产业的分类问题并未得到有效的解决。在这样的语境下，中国现代文化产业的分类问题日渐成为一个该研究领域的前提性问题，提出并解决迫在眉睫。

经历了百年发展的中国现代文化产业，从其形态、历史、渊源等要素来说可分为四大类：一是视听文化产业，即唱片、广播、电影等；二是舞台文化产业，即话剧、戏曲与歌舞剧等；三是出版文化产业，即图书报刊的出版；四是时尚文化产业，即广告、选秀、服装设计等。它们一道构成了异彩纷呈的中国现代文化产业，也是中国现代文化史中最为绚烂的风景线。

（一）视听文化产业

在上述四类文化产业中，视听文化产业是绝对的新物种。这里用了"绝对"二字，并非不严谨。我们知道，中国古代便有出版业，而且分为坊刻、官刻与私刻三种。现代出版文化产业在技术、传播与交易手段上引入了西方的范式，但中国是活字印刷的发明地，这点毫无疑问。舞台文化产业则更不用说，远古中国的长江流域就有"傩戏"，最早关于傩戏的记载是商代，这比古希腊的戏剧要早上千年，宋明以降，中国的舞台艺术相当成熟，关汉卿、汤显祖、王实甫、李渔都是举世闻名的戏剧家，在世界文学史上并不比威廉·莎士比亚（William Shakespeare）逊色，只是现代舞台文化产业在演出、经纪人与舞台技术上借鉴了西方歌剧的形式，并且催生了中国人自己的现代戏剧——话剧。但中国本身是个戏剧大国，有着几千年不间断的观剧传统，这是不可忽视的前提。再说时尚文化产业，时尚的英文是Fashion，也有音译为"风尚"，现在人一听时尚，马上想到纽约、米兰，但实际上一朝有一朝之时尚，本身就是"风"来"风"往而已，今天流行的东西，明天说不定就无人问津。此处所言之"时尚文化产业"，并非对"风尚史"的研究，而是从文化产业理论与现代文化史的双重角度，针对工艺美术、现代广告与文艺活动等要素进行探讨。其实中国古人也有引领一时的服装设计，唐代的霓裳羽衣便是个中代表。至于建筑美学，早在900多年前的北宋崇宁年间就有建筑学专著《营造法式》问世。

但是视听文化产业，中国古代没有，古代欧洲也不存在，它与汽车、电话一道，是第二次工业革命之后的产物，是无线电技术、摄影技术、音响技术发展到一定程度之后的结果，是人类更高审美需求的反映，更是科学技术与文化艺术相融合之后的结晶。视听文化产业中的不同门类，没有一样是在中国发明的，但是它们都随着西学东渐的大势在中国扎根，而且形成了中国现代视听文化产业，并发展至今，日益蓬勃。

值得一提的是，视听文化产业在中西方是几乎同步的，1839年，银版摄影术由法国摄影家达盖尔（Louis Jacques Mand Daguerre）首创；1844年，中国知识分子邹伯奇制作出了中国第一台照相机；1895年，法国摄影师卢米埃尔尝试播放电影成功，10年后，电影进入中国；1920年，美国匹兹堡西屋电气公司的KDKA电台开播，这是世界上最早的商业电台，仅仅6年之后，奉系军阀张作霖就在哈尔滨成立了中国第一家广播电台；1877年，美国发明家爱迪生（T.Edison）发明了留声技术，1897年，英国谋得利商行便在上海出售留声机设备。这也说明了中国的视听文化产业之所以几乎与世界同时起步，而且规模、成就毫不逊色，乃是因为全球化时代下技术迅速转移的结果。因此，中国的视听文化产业理应是世界视听文化产业的重要组成部分。

中国现代视听文化产业，起源于摄影技术进入中国，在20世纪二三十年代凭借广播、唱片与电影等多种形态成为中国现代文化产业的重要组成部分。当时上海地区广播电台的"民营热"声势正隆，以新新公司广播电台、新孚洋行广播电台为代表的数十家沪上民营电台相互竞争，尽管部分电台内容低俗、商业气息浓厚，但整体仍体现出了产业的繁荣（1936年全国民营电台约100座，其中40多座在上海），体现了中国现代文化产业的若干特征；而以联华、明星为代表的电影公司，则在20世纪上半叶拍摄了以《难夫难妻》《渔光曲》为代表的早期国产电影，并培养了以黎民伟、费穆为代表的早期电影人；早期作曲人，创作了以《四季歌》《玫瑰玫瑰我爱你》《凤凰于飞》为代表的中国早期流行歌曲，这些歌曲不但脍炙人口，而且为中国音乐的现代化、民族化进程贡献良多。

众所周知，视听文化产业是与现代科学的发展紧密联系的，这体现了其科学性的一面，因此与其他产业相比，它更依赖于现代科学的发展。在当时中国，放映技术、无线电技术、录音技术与唱片制作技术的发展可谓是一日千里。《无线电》《电声技术》等刊物风行一时；当时许多学校开设了视听相关专业，如金陵大学电影播音专修科、苏南文化教育学院电化教育专修科、苏州美术专科学校动画专修科，培养了大批技术人才。

（二）舞台文化产业

视听文化产业与舞台文化产业有较强联系，从构词的方式来说，视听文化产业主要是以视觉与听觉为主的文化产业。而舞台艺术恰是以视觉艺术加听觉艺术主的艺术形态，无论歌剧、戏曲还是话剧，概莫能外，显然这与视听文化产业中的电影有着相似之处。

从戏剧美学理论的角度看，电影艺术与舞台艺术，两者的差异性在于在场性与不在场性，而后者的不在场性则是由视听技术所决定的。在现代文化产业的理论框架下，在场性并不能作为判断其产业属性与产业化程度的标准。在1840年至1949年的100多年间，舞台文化产业在规模、影响上并不逊色于视听文化产业，而且在特殊时期（如抗战"孤岛"时期）的影响力，还大大超过了当时风头正劲的电影产业。

无论是从艺术形态的角度来区别，还是从产业运营方式来划分，中国现代舞台文化产业大致可分为三个部分：一是话剧，一是戏曲，一是歌剧。在此，拟简要地谈谈这三者各自的特性。

首先是话剧，话剧又称文明新戏。一些学者时常将文明戏、新戏（剧）与文明新戏这几个名词混为一谈。笔者不敢苟同，其实文明戏与新戏在概念上是有差异的。文明戏源自晚清的戏曲改良运动，是对于传统旧戏在唱腔、念白上的改良，但情节仍是传统一派。这种不古不今的文明戏在当时很有市场，许多戏班、剧团都对文明戏青睐有加，当中不少编剧、艺人靠这种文明戏陡然而富，成为辛亥革命前后中国现代文化产业体系中一个异军突起、影响颇大的新生事物。1914年是文明戏发展的高峰，因此年是甲寅年，戏剧史界称之为"甲寅中兴"。有高峰必有低谷，在1914年之后，传统戏曲改编的文明戏逐渐被崛起的新剧所取代，因而迅速衰落，形成了后世所言之文明新戏，即话剧。

从文化史的角度看，文明新戏取代文明戏，与现代白话文小说取代鸳鸯蝴蝶派小说是一致的。但值得一提的是，新文化运动前后，有人认为，以营利为目的的文明戏是堕落、肮脏的，话剧要成为时代革命的工具，因此是不能营利的。这使得中国话剧在20世纪上半叶的文化产业化大潮中并未能真正充分地施展其才华，而是成为提倡革命精神、抒党派政见的文化工具。纵观20世纪上半叶中国话剧文化产业史，票房不俗的仅有曹禺的《雷雨》、秦瘦鸥的《秋海棠》等少数作品而已。

话剧如是，戏曲与文化产业的结合却紧密得多。晚清时上海的"京班戏园"与广州的"吉庆公所"便是中国现代舞台产业的鼻祖。现代的剧场经营方式与传统戏曲的结合，使得中国戏曲获得了极大的发展，新剧种、新剧目、新的演出方式使得传统戏曲在西学东渐的浪潮里不断与时俱进。究其根本原因，乃是因为开埠增加、市民阶层勃兴，再加上清朝贵族对戏曲的青睐，使得中国传统戏曲在晚清迎来了一个大发展的高潮，其中最大的成就就是徽班进京、京剧诞生，出现了以程长庚、梅兰芳、周信芳、谭鑫培、奚啸伯、马连良为代表的京剧表演艺术家，以齐如山、张彭春、朱琴心为代表的戏剧活动家。

（三）出版文化产业

尽管明清时期中国的出版业比较发达，但这仍不能算是文化产业，更遑论现代文化产业。近年来，有学者将中国文化的现代化进程上溯至晚明，认为这是中国现代文化的起点，反而有清一代实行文化专制，截断了中国的文化现代化进程。笔者认为这是一种片面的、唯心的历史观，我们知道，嘉靖、万历时期，确实在长三角地区出现了较为自由的劳动力与资本主义萌芽，出版业也有一定的发展，特别是坊刻主张"速售牟利"，存在"雕镂不如官刻之精，校勘不如家塾之审"的现象，书籍销量仍极其有限，并且出版市场的法律、制度与规章都未形成，也没有健全、稳定的流通、发行渠道，这当然不能算是出版文化产业。

此处所言之中国现代出版产业，主要从两个分类入手：一是图书出版，一是报刊出版。图书出版产业在近现代中国有两个源头：一是传教士的出版，这源于第一次鸦片战争之后，西方传教士来到中国，欲将基督教带到中国，完成其在全世界传播福音的使命。因此他们必须要印刻浅显易懂、符合中国人需求的宣教读本（包括《圣经》）来传播基督教教义，以便吸引更多的中国人信教，此为源头之一；二是洋务派的出版，晚清时西学东渐，严复称"译书为第一要务"，据不完全统计，在晚清70年间，关于医学药理、工程技术、地理采矿、经济社会等西方现代学术的著述（当中也有少量的西方小说），有3000多个中文译本，如《胎产举要》《脱影奇观》等著述，在当时影响深远，可谓是西学东渐的经典之作，也为中国现代出版文化产业打下了一个坚实的基础。

中国现代图书出版产业真正的崛起，与新文化运动的推动密不可分。从出版技术史的角度来看，新文化运动是线装书与平装书的重要分水岭。新文化运动使新诗、现代小说等白话文学成为中国文学的主流，而白话文的表述方式与新式标点则势必要按照西式平装书的方式印刷出版才方便阅读。在这样的背景下，中国现代印刷业迅速发展，与之伴随的是对西方出版、编辑、发行制度的引进。在20世纪20年代至40年代的30年间，以鲁迅、郭沫若、胡适为代表的现代作家，以邵洵美、王云五、胡愈之为代表的现代出版家，以北新书局、中华书局、商务印书馆、世界书局等为代表的出版机构，将中国现代图书出版产业推向了一个高潮。

图书出版与报刊出版实际上是相得益彰的。中国报刊出版业的滥觞是西方传教士办的《察世俗每月统计传》，及至19世纪末，维新派登场，改良主义盛行，一批宣传改良的报刊如《万国公报》《国闻报》《时务报》等相继问世，就当时而言，这些刊物的影响力非常有限。这是由三个原因决定的，一是当时中国印刷技术非常落后，难以批量印刷，一份报纸能够印到一两千份，已经是了不得的事情，中国当时有3亿多人口，一两千份报纸能有多大影响？二是当时中国文盲率极高，据后世不完全统计，在同治、光绪年间，中国的文盲率接近50%，因此纵然印刷量跟上了，也没有读者群；三是内容枯燥无味，这些报刊多半是宣扬变法维新之类，其主要读者群仍是有一定抱负、学识与远见的知识分子，这显然难以在中国社会各阶层唤起共鸣。

当然，晚清报刊的影响力在很大程度上也受到特殊政治背景的影响。戊戌变法特别是庚子国变之后，报业渐盛，舆论多呼吁君主立宪或鼓吹革命，这种动摇清政府统治的言论，自然为朝廷所不容，再加上清王朝本身嗜好"文字狱"，因此晚清最后10年，也是中国"报案"频出的10年。一方面，我们应看到晚清进步知识分子敢言直言、追求民主的一面；另一方面也应注意到，官府对于新闻的严苛管制，使不少有志于从事舆论宣传的知识分子，不得不噤若寒蝉地缄口不言，这在很大程度上削弱了晚清报刊应有的社会影响。

从文化产业的角度我们也应当注意到，中国现代出版产业对中国市民阶层、都市文化的建立起到了积极的意义。与视听文化、舞台文化相比，出版文化成本低、影响大、成果易保管，而且与中国历史悠久的读书传统相契合。市民阶层刚刚诞生时，视听、舞台等属于奢侈文化消费，但市民购买报纸、书籍的钱还是有的。因此，自晚清至民国时期，出版文化构成了中国现代文化产业史中影响力最大的部分。

（四）时尚文化产业

与视听、舞台与出版诸文化产业领域相比，时尚文化产业最为复杂，其内涵也最难以描述。中国古代社会就有时尚，但不是产业。现代中国的时尚文化产业，主要体现在以下三个方面：工艺美术（包括服装、建筑与商品装帧设计）、现代广告（包括期刊、报纸与海报等广告）与文艺活动（包括"选美""选秀"等活动）。

首先谈工艺美术，工艺美术与其他美术不同，它是与工业产业息息相关的美术活动，不但要有审美价值，而且还要有实用价值，无论是服装、建筑设计还是书籍装帧，抑或是工业产品包装设计，无一例外。

现代中国的工艺美术，在很大程度上受西学东渐思潮的影响。样式、风格乃至技术都是照搬西方，因此当时做西式风格服装的裁缝被称为洋裁，男士的正装被称为西装（此说流传至今），一般的服装则被称之为洋装，而西式风格建筑被称为洋楼，别墅则被称为小洋楼，有别于中式线装书的西式风格、装订线在书皮里面的图书则被称为洋装书，凡此种种，不胜枚举。由此可见，中国的工艺美术所反映之时尚，并非中国民族风格、民族气派的风尚，此处之时尚，乃是效仿西方的舶来之时尚。

但我们也应看到，作为中国现代文化产业的工艺美术，它有着迎合市场的一面，这是由其产业属性决定的。因此，"西风"虽是中国工艺美术的主流，但是"中西结合"也是其不应忽视的所在。当时上海首屈一指的服装设计师张蒨英曾认为西装的式样大都太花哨，中装的式样却又太呆板，应该把两者折中一下，使得既不花巧也不呆板，而在这两者之间，又要不失美观和大方。"折中"一说贯穿了沪上现代服装设计主潮，无论是丝绸、云锦、纱网、呢子等中西面料的混搭，还是旗袍、礼服、大衣、马褂等不同样式的融合，无一不彰显出了现代中国服装设计中西交融的一面，构成了今日电影、小说中的上海摩登。

不可忽视的一点在于，现代中国服装设计业的鼎盛，形成了新兴的文化产业，其两个基础不容忽视。一是20世纪上半叶在中国迅速发展的纺织业，使中国服装生产业有了雄厚的物质基础；二是辛亥革命之后在全国各大城市异军突起的百货零售业，是现代中国服装产业得以形成的前提。服装设计业之所以能够成为引领风尚的文化产业，上述两个基础性的因素起了相当重要的作用。

服装设计如此，建筑设计更不必说。在现代中国，建筑设计大致分为两种：一种是公用建筑设计，譬如街道、社区、政府机构、大学等；另一种则是私人建筑设计，譬如私家花园、别墅、公馆、酒店等。这两种设计，需求、定位皆不同，但它们在本质上都是现代中国的建筑设计，亦有着共同之处，即强调审美性、舒适性与整体性为一体。当中，以卢毓骏、刘鸿典、陆谦受、王大同、王华彬、吕彦直、杨廷宝等为代表的中国现代建筑师群体，以基泰工程司、华盖建筑师事务所、鼎川营造工程司、五联建筑师事务所等为代表的现代建筑设计公司为中国现代建筑设计业付出良多，它们是上海沙逊大厦、提篮桥监狱、南京中山陵、武汉江汉关、南京总统府等现代中国杰出建筑的设计者。

　　作为中国现代文化产业的组成，建筑设计理应不被忽视。商品包装（商标）非常重要，它是构建现代中国都市日常生活的重要组成部分，看似平淡无奇，却与广大民众的生活息息相关，是中国现代文化产业中颇有特色的一面，与服装设计、建筑设计一道，彰显出了中国现代工艺美术产业的鲜明特色。

　　从艺术史的角度看，现代主义风格特别是装饰主义对现代中国的深远影响，多集中体现在建筑、商品包装与书籍装帧设计中。且看杭穉英的月份牌设计、丰子恺的书籍装帧设计、胡伯翔的烟草包装设计等，皆为一时风尚领军，堪称装饰主义运动在中国的兴起。但值得一提的是，因为这种设计本身是一种商业化的行为，一般都是设计事务所与商家签订设计协议，因此许多设计师并未留下名字，使得后世只见其作，不知其人。尽管如此，现代文化产业的研究仍不可无视其历史意义。

　　现代广告在一定程度上与商品包装、书籍装帧设计有重合的一面。譬如杭穉英既从事月份牌、产品包装设计，也从事广告设计；万籁鸣不但是包装设计师、动画片制作师，而且还是知名的广告设计师。凡此一专多能的设计能手，在中国现代文化产业史中可谓不胜枚举。

　　中国现代广告业不仅是中国现代文化产业的重要组成部分，而且还是中国现代文化产业的重要代表。现代广告业可谓是文化与产业之间的重要桥梁，一方面，它不但自身成为重要产业，而且还是其他产业（如服装、酒店、橡胶、食品等）发展的重要推手；另一方面，现代广告业依托现代媒体，依靠现代文化人与新文化而传播。它既有产业属性，可以说是中国现代民族工业的晴雨表；同样亦具文化特征，被认为是新文学研究的另一扇窗口。

　　我们知道，中国现代广告门类繁盛，品种繁多，《申报》《大公报》《东方杂志》等大报名刊上的广告别具一格自不必说，《玲珑》《越风》《夜莺》等刊物上的广告亦别有特色。哪怕是简单的商标设计或耳熟能详的广告词（如著名作家蒋彝翻译的"可口可乐"四字被沿用至今），都有着非常重要的研究价值，体现了现代文化、工业文明与都市生活之间的内在联系，无愧为中国现代文化产业的活化石。

　　广告、工艺美术是艺术家"为稻粱谋"的手段之一，以上海笺扇庄、北京荣宝斋为代表的书画交易市场，反映了书法家、画家们"为稻粱谋"的另一种方式，活跃在当时中心城市的书画交易，也构成了中国时尚文化的重要部分。

　　与前两者相比，文艺活动则显得更加丰富多彩，也热闹得多。民国初肇，新风渐开，男女平等之观念与新文化运动、日渐勃兴的民族工业相辅相成。1926

年11月15日，上海联青社游艺会举办了中国历史上第一次服装表演活动，轰动一时，被时媒称为"沪上破天荒之表演"。

与服装表演相伴随的，便是选秀。进入20世纪20年代以来，选秀成为娱乐业最常用的宣传手段与营利活动之一。1927年，《顺天时报》曾基于鼓吹新剧，奖励艺员的想法，举行"五大名伶新剧夺魁投票"活动，梅兰芳的《太真外传》、尚小云的《摩登伽女》、荀慧生的《丹青引》、程砚秋的《红拂传》、徐碧云的《绿珠》当选，时称"五大名旦"。

20世纪二三十年代，各类选秀活动层出不穷，1946年上海曾举办过一场空前绝后的全民选秀活动，这也是国内第一次社会各界参与的选秀活动。当年春末，淮河泛滥，瘟疫横行，数十万苏北难民涌入上海。杜月笙主持的"苏北难民救济协会上海市筹募委员会"决定发起一次大规模的选秀活动，以筹集善款赈济灾民。借此良机，《申报》推出"上海小姐竞选特刊"，各路小报也竞相推出各种花边新闻。整个活动声势浩大，共募得4亿元善款，选出了以王韵梅、谢家骅为代表的"上海小姐"及评剧、歌星、舞星"皇后"，一时盛况空前。

由是可知，中国现代时尚文化产业是中国现代文化产业的重要组成部分，代表了现代中国的时尚风向，是西学东渐以及现代中国城市文化日渐兴起的标志，它与视听文化产业、舞台文化产业及出版文化产业一道共同构成了规制庞大、种类繁多的中国现代文化产业。因此，研究中国现代文化产业史，显然不能忽视时尚文化产业的意义与角色。

综上所述，视听文化产业、舞台文化产业、出版文化产业与时尚文化产业共同组成了庞大的中国现代文化产业体系。它们虽然被分门别类，但却互相渗透、彼此交错，共同构成了中国现代文化产业史发展脉络的显著特征。因此，研究中国现代文化产业史，既要对其分类有着必要的重视，也要对不同类属之间的复杂联系有着宏观的把握。

第三节　文化旅游产业资源的分类

一、产业法律政策资源

文化旅游产业的发展要发挥市场在资源配置中的基础性作用。文化产业的健康发展、可持续发展离不开政府的管理。制定法律政策是政府进行宏观调控的主要方式，能够为产业的发展创造良好的外部环境，并促进产业结构的不断完善和竞争力的不断提升。因此，产业法律政策资源是文化旅游产业资源的重要组成部分。

产业一体化融合发展是实现文化旅游产业双增长的重中之重。"紫禁城上元之夜"在中国的城市中点亮了"夜经济"，各级政府通过制定多种措施与政策鼓励并支持本地夜间旅游活动的开展，从而在各大城市中出现了一个又一个夜间文化消费区。国家相应出台了有关政策，整治旅游环境，鼓励文化产业对旅游产业的投入，加大文化产业的资金投入，以文促旅，以旅彰文，这大大提高了文旅融合的进程。

旅游要发展，离不开文化的发展，旅游业要发展，必须从实际出发，理论联系实际，从本地的文化产业入手，把文化融入旅游业发展过程中，只有这样才能相得益彰，达到共赢，只有这样，才能做到发展旅游的同时，也保护优秀的传统文化，实现旅游发展与文化保护共生共赢。在国家政策层面，要制定相关的文旅融合政策，支持文旅融合。2016年，国务院发布《关于进一步加快旅游业发展的通知》，提出要树立大旅游观念，充分调动各方面的积极性，努力扩大旅游发展规模，进一步发挥旅游业作为国民经济新的增长点的作用。如今旅游行业经济的发展，受到多方面因素的影响，要想实现旅游业的高质量发展，必须文旅融合，以文促旅，以旅彰文，让文化和旅游同步发展。

一个国家和民族的兴衰与强弱在一定程度上受文化的影响，社会主义现代化强国建设中文化强国扮演着非常重要的角色。这就要求政府部门要制定相关政策，用政策去指导文旅产业发展，加快文旅融合步伐。用中国特色的文化去丰富旅游产业，高度融合，推出有中国地方特色的兼容文化旅游元素的主打产品，助推文化和旅游产业发展。

新时代的旅游者观念和以往有所不同，他们的主要特点就是对美好生活更为期待，同时关注自身物质与精神世界的丰富。要以"创新、融合、绿色、开放、共享"为指导思想，真正处理好消费者在出游时出现的各类问题，提升旅游业的整体水平。这包括整个旅游过程中涉及的住宿、旅游服务、领队服务以及旅游信用体系，切实保障旅游的服务质量。在国家经济高速发展的今天，人民的生活条件进一步得到了改善，人们在满足基本物质需求的同时，也在精神层面上有了更高层次的要求，人民会把更多的时间投入到旅游休闲中去，这就为当前的文旅融合奠定了坚实的基础。

二、旅游企业资源

旅游企业是旅游市场的主体，是旅游业发展的核心要素。作为旅游行业的重要纽带和旅游客源的组织者，旅行社在旅游行业的发展过程中扮演着重要的角色。由于我国旅游行业进入门槛相对较低，旅行社的数量扩张较快。旅行社的产业组织结构决定了产业内各企业之间的垄断与竞争关系。我国旅行社集中度高，总体呈现过度竞争特征，小型企业数量多，产品差别不明显，在市场行为上表现出恶性价格竞争、产品研发能力不足等特点；在市场绩效方面，则体现出行业整体资源配置效率低下，长期利润水平低等问题。旅游企业的影响力、资源配置以及产品开发能力等都有待进一步提升。

随着全民旅游时代的到来，观光旅游项目难以满足游客需要，旅游产业发展面临一定困难，这使得"特色文化+旅游"走俏。文化旅游产业作为一种体验式、创新性的休闲模式，要有让游客在游览过程中就能学习掌握文化知识的功能。同时，还要增加游客体验的丰富感、收获感，帮助游客实现深度旅游。

旅游企业要积极学习比较成功的经营方式，将旅游文化与旅游活动有效融合，在观光文物景观的基础上，传播文化知识，开展举办文化课堂，吸引商务公司前来开展会务培训等业务。既可扩大品牌知名度，也拓展了该项旅游的市场空间，又推进了文化产业链横向拓展，提高了产业链的运营效率，激活经济、文化和生态价值。

企业在发展过程中，必须积极引导员工和社会群体参与到形象建设中去。优秀的企业形象是企业取得更大经济利润的助推器，可增强市场竞争力，提高消费者兴趣。

（一）企业环境资源

1.硬件环境

一个企业给大家的印象和它的硬件建设有着很密切的关系。在塑造企业形象过程中，一方面要保证环境建设，营造良好工作氛围。企业中的各个场所都要体现本公司独特形象，无论是办公设施、生产生活服务、厂区还是产品都要坚持精细化原则，尤其在设计厂区结构时要突出历史文化性。另一方面在完善基础设施方面，强化停车场接待能力，同时可介入具有时代性的交通工具——木牛流马或四轮车，最大限度降低堵车影响，提高通信播报效率。因为游客集散中心在游客接待区，所以要改善硬件环境，扩大绿植覆盖率，增加绿化带，扩大现有接待厅面积。企业应根据实际情况，在提升接待水平的基础上，保证基础设施不断完善。

2.软件环境

公司的软环境主要包括员工素质、企业文化及企业精神。企业文化是一个公司在长期生产经营管理中形成的共同愿景、工作方法、工作制度及价值观等特有的文化形象，能够在企业经营规划、内部控制、经营管理、维护员工稳定性、客户关系管理等方面得到体现，同时也可以使员工个人价值理念和企业战略理念相融合，从思想上推动员工发展、激发员工工作热情，而且有助于树立企业品牌形象，提高知名度。企业精神是企业文化的核心内容，有助于提高企业内部向心力，企业精神需经过长期培养才能形成。

（二）企业诚信资源

面对近年来逐渐增多的旅游投诉，各旅游公司不能再坐以待毙，必须积极应对游客投诉，维持自身的企业形象。企业要以可持续发展为导向，从广告宣传、项目开发、品牌建设、售后服务等各个方面强化诚信意识。

坚决树立好公司的良好形象。除了要加强内部管理和培训、提升员工道德素质外，更要遵循为人之道、经商之道，树立正确的价值观念，让传统文化与现代旅游产业经营有机结合，在公司内部形成诚实守信的核心价值理念。在后期的经营中，也必须坚持真实宣传，不能为了吸引大众眼球而开展虚假宣传，这不利于企业品牌的打造。

完善诚信激励制度，增强舆论监督效果。需构建与旅游公司及其工作人员相关的从业信誉记录，对其服务水平、从业能力、客户满意度进行分析，并及时做出公示。诚信能够提高旅游公司工作人员的综合能力，也可以为公司后阶段发展带来积极影响，进而为行业建设、市场活跃度提升创造条件。在市场经济模式下，任何商业交易都需要以诚信为基础，道德是建立在相关经济基础上的意识形态，有助于人际关系处理、社会秩序维护，因此旅游公司应完善诚信激励制度，以提升自身形象建设的效果。

（三）企业文化资源

一个公司的文化形象对于公司长期发展具有重要影响，同时其内涵也丰富多样，主要有物质文化和内在文化等多种类型。企业应根据自身性质和发展状况，确保发展战略、服务理念、规章制度制定的科学性和合理性。一是以游客利益为出发点，增强员工服务意识，建立独特鲜明的公司商标，构建良好的交流平台，及时满足客户需求，提高企业售前和售后服务的优质性。二是建立合理科学的管理制度，让每个员工在工作中有章可循，既能在制度范围内得到与工作相匹配的激励奖励，也能在制度中很好地约束自己的行为，从而更好地树立企业形象，并对公司内部的导游中心、客服部、市场经营部进行科学划分，形成垂直管理，更好地帮助公司运营。

三、服务体系资源

旅游业是典型的服务行业，健全、完善、先进的服务系统是保证旅游产业可持续发展的关键。要以人性化服务为方向，提升从业人员的服务意识和服务水平；以品牌化为导向，推进品牌连锁，促进旅游服务创新；以标准化为手段，健全旅游标准体系，抓紧制定并实施旅游环境卫生、旅游安全、节能环保等标准，重点保障餐饮、住宿、厕所的卫生质量；以信息化为主要途径，提高旅游服务效率，积极开展旅游在线服务、网络营销、网络预订和网上支付，充分利用社会资源构建旅游数据中心、呼叫中心，全面提升旅游企业、景区和重点旅游城市的旅游信息化服务水平。

游客对景区的印象往往通过旅游的服务质量评价表现出来，所以旅游企业工作人员的服务水平以及道德素质特别重要。要完善公司基础设施，提供游憩之地，改善环境质量，完善旅游管理体系，坚持标准化、差异化管理，打造文化资源特色，通过和游客沟通树立公司的良好形象。除此之外，公司更不能忘记自身的文化特殊性，巧妙运用、差异展现，科学糅合文化和旅游服务，详细措施如下。

（一）加大科技服务含量

从整体角度而言，文化和科技之间存在密切关联，且能够互相促进。文化发展可以视为科技进步的基础，而科技进步也可以助推文化变革。由此可见，加大科技投入力度，有助于提高文化产品竞争力，使得文化产品在消费过程中展现出巨大潜力，因此在文创产业发展中必注意文化和科技之间的融合。随着社会消费结构调整优化，企业必须建立多元化、多体系的发展模式，才能满足消费需求。所以在旅游业中运用科学技术，充分挖掘旅游资源文化性，实现深度融合，才能推进文化创新旅游发展，才能满足游客体验感。

1.利用科技手段整理服务资源

科技是第一生产力，在文化中也不例外。拓展文化旅游资源时如果能够和当前的互联网以及自媒体相融合，将大大提升宣传效率，并在短时间内扩大影响力，这能有效推动区域文化旅游高效发展。

在进行旅游资源挖掘的同时，也必须进行文化旅游资源的全面挖掘，从多个角度进行信息服务构建，并借助互联网技术进行文化创新。在现有文化资源的基础上，对其进行丰富、分类、整合，为公司的发展提供文化载体。以最新的科技为媒介，对历史文化、历史遗址进行网络文本分析，利用游客网络点评数据，提高游客对企业历史文化的认知，进而丰富游客文化体验。一是可采取VR技术、AR技术等对目前尚未完整开发的旅游景区做出复原；二是结合AI技术，提高观光旅游资源利用率，为游客群体带来更多感官体验，同时组织科技文化项目，以提升游客参与热情；三是利用全息影像技术，对演出舞台的打造，强调表演人员交替的重要性，为观众带来视觉冲击，从而提高游客满意度。

2.利用科技手段提高管理水准

地方政府需分期投入各项资源，逐步完成景区智能化改造，如可引入人脸识别技术、智能感应技术、同步声控导游技术等，全面推动景区科技化、规范化建设，扩大区块链覆盖范围，提高旅游商业项目竞争力，同时成立独立部门，确保旅游消费高度透明、景区交易安全便捷。此外，也要参考大数据技术和云通信技术，不断加强景区管理质量，同时以先进技术工具为基础提高服务效果，为客流分流、突发事件应对、安全管理工作的顺利进行带来帮助。

3.充分开展"游后"数据信息探讨分析工作

首先，可发挥移动终端App作用，经常在微信、微博等社交平台中与游客联络，了解游客对景区的建议和意见，邀请游客对景区服务、食宿餐饮、安全管理、交通管理等做出评价，并第一时间处理游客所反映的问题；其次，可建立游客返评数据库，且该数据库需支持检索、筛选、分类等功能，并给游客提供有针对性的推荐，逐步改善其服务精准度并提高服务水平。

（二）完善公共服务体系建设

旅游公共服务是由政府和其他社会组织提供的，能够满足游客需求并具有公共性的产品和服务。旅游公共服务是实现旅游产业高质量发展的重要手段。

1.促进旅游公共服务与旅游产业协同发展

旅游公共服务和旅游产业高质量发展两者之间是相互促进、密不可分的。随着旅游公共服务水平的不断提高,旅游公共服务必然会通过旅游基础设施的完善、旅游人才质量的提升、旅游环境的不断改善、旅游信息的高效传递来推动旅游产业高质量发展。与此同时,旅游产业高质量发展则会为旅游公共服务的发展提供更多的资金支持。因此,在推进区域旅游产业高质量增长时,旅游公共服务和旅游产业高质量增长的协同关系更加值得重视。因此,各省市需完善旅游公共服务体系,发展多层次的旅游市场,拓宽旅游公共服务相关企业融资渠道,政府还应制定科学合理的旅游公共服务规划,充分发挥旅游公共服务对旅游产业高质量增长强有力的推动作用。

2.确定旅游公共服务的投入顺序

我国东部、中部、西部旅游公共服务推动旅游产业高质量发展的因素不同,旅游公共服务对旅游产业高质量发展的制约因素也不同。为避免资源投入在某种程度上的浪费,各地区需结合自身实际,从影响程度最大的促进因素和最显著的制约因素两方面出发,确定旅游公共服务的投入顺序,进一步完善旅游公共服务。因此,东部地区在发展过程中首先需要优先加强互联网基础设施建设,促进、推动旅游科技创新;其次需要提升旅游公共交通服务,完善公共交通网络,合理增加停车场缓解交通压力过大而导致的一系列问题;最后注意环境保护,加强污染的防治与治理。中部地区首先需加强与游客"吃行住游"有关的旅游基础设施建设,其次需要提高旅游公共交通服务质量,加强旅游交通基础设施建设,完善乡镇交通网,提高景区通达度,从而减少旅游交通服务对旅游产业高质量发展的制约作用。西部地区除加强与"吃行住游"有关的旅游基础设施建设外,还需要加强旅游人力资源服务,做到培养人才、留住人才、引进人才三管齐下。

3.完善旅游基础设施建设

实证结果表明,我国旅游产业高质量发展受旅游基础设施服务(住宿、餐饮、旅行社、景区、交通)影响最深。旅游基础设施包含众多内容,涉及游客整个旅游活动的全过程,既包含旅游活动能够产生的基础条件,如道路建设、交通工具、旅行社等,又包括游客出行的目的地,如旅游景区、公园、度假区等,还包括维持游客旅行过程中基本生存的住宿、餐饮,可以说没有旅游基础设施服务就没有旅游活动。因此,我国在众多关于旅游高质量发展的文件中反复强调要加强旅游基础设施建设。

4.加强旅游公共服务信息化建设

经济越发达的地区旅游公共信息服务对旅游产业高质量发展的正向效应越明显越显著。随着互联网的兴起，各行各业都经历着一场信息技术革命，旅游行业也不例外。首先，互联网的普及使旅游信息的传递变得及时，旅游信息的获取难度也大幅下降，这使得人们在自驾游和跟团游之间越来越倾向于选择前者，而这一变化又反过来倒逼旅游公共信息服务的发展。其次，智慧景区建设需要通过旅游公共信息服务对景区内人员行迹、设施状况、自然环境等进行全面深入和及时的了解，从而实现可视化管理。最后，全域旅游发展也需要旅游公共信息服务统筹全局。综上所述，需加强旅游公共信息服务建设，在硬件方面加强互联网基础设施建设，提高偏远地区联网普及率；加强通信基础设施建设，提高网络的覆盖率；加强旅游公共信息技术平台建设，及时有效地提供相关信息；加快智慧景区和全域旅游建设，最终实现旅游产业的高质量发展。

5.完善旅游人才培养与人才引进制度

旅游人力资源服务影响旅游产业的发展。有关数据显示，在我国旅游业飞速发展的同时，旅游从业人员数增加很少，东部地区甚至出现下降，而在我国东中西三大区域层面上，旅游人力资源服务对中部地区和西部地区旅游产业高质量发展有显著的促进作用。这充分说明我国旅游产业从业人员供需不平衡，劳动力市场存在结构性失衡，需在全国层面完善旅游人才的培养和流动机制。

第一，中西部地区需完善旅游人才引进与留住制度。首先需要提高旅游人才工资待遇，解决"五险一金"问题，并给旅游人才提供良好的工作环境，优先保证本地的旅游人才不再外流。其次通过更为优厚的条件吸引更高水平的旅游人才到当地工作，最后也不能忽视当地人才的培养。

第二，需重新审视或确立旅游管理专业办学指导思想和培养目标创新，总结旅游管理专业的办学特色与办学定位，从而进行课程结构体系改革，应以培养市场需要的人才为目标，对课程体系进行改革。

第三，重视成人教育，近年来旅游产业迅猛发展，新的旅游业态持续出现，新兴旅游方式百花齐放，部分从业人员因跟不上旅游产业的变化而失业。要通过成人教育、技能培训等措施让旅游产业从业人员提升技术知识水平，适应旅游产业发展变化，从而为旅游产业高质量发展提供源源不断的内生动力。

第四，优化员工队伍，强化服务质量。人力资本具有较强优势，员工的基本素质影响企业的运营水平，只有打造人才优势，才能够更好地提供服务。乡村旅游公司的员工大多是来自当地附近村落的村民，虽然对当地文化、民俗和景区较为熟悉，但整体文化素质不太高。为实现公司长远发展战略，提高员工综合素养显得尤为重要，具体措施如下：做好人员招聘，在开展人员招聘时，必须要针对文化和旅游产业的特色进行人员选拔，比如曾经从事相关工作的爱好者，或者一些退休人才，也可以是一些高职院校的优秀毕业生；优化人才培养、考核、选拔体系，人才是公司的重要细胞，公司必须严格人才培养及晋升机制，建立相关的工作制度及计划，通过前期招聘、中期培养、后期奖惩提升员工素质，考核体系是对培训结果的验收，也是选拔体系的参考指标，考核体系的完善有利于激励员工不断地进行自我改进和提升，选拔体系的完善，是一个公司制度完善的重要标志，选拔体系能够为企业甄选出优秀的员工，有效提升企业的可持续发展水平。

第五，积极打造具有文化型特征的专业导游团队。文化型导游需具备扎实的传统文化知识，将传承民族文化、地域文化作为工作重点，为游客介绍景区、景物及相关历史文化故事，充分展现文化内涵，确保游客可以形成文化共鸣，并主动与游客保持良好的文化交流，从而提升游客文化体验效果。文化型导游是传统文化的传播人员，也是地方特色文化传承的载体，不光需要具备出色的导游能力，也需具有牢固的人文社科知识基础，在景区讲解中突出当地旅游文化特色，一方面可以使景区的价值升级，同时能改善游客的旅游体验。

6.建立健全激励机制

公司在建立激励机制时，必须从多个角度入手进行全面优化分析，这也是健全文化旅游工作的关键手段，要认真遵守按劳分配和按生产要素分配的规章。在激励方面，也是采取两种方法相结合的方式，主要是进行物质激励和精神激励，及时对优秀员工加以肯定，有章有据地激励员工向好的方向发展。同时必须重视管理学相关知识的运用，例如，运用公平理论可以更好地实现激励效果。否则效果不佳，同时在激励的过程中，要谨慎使用惩罚的手段，以避免挫伤员工的积极性。

7.打造景区人性化服务，塑造特色品牌

一是理念。从服务理念角度来看，进行人文关怀将有效提升景区特色化和人性化水平。在进行文化旅游服务融合时要重视普通人的需求满足，每一个游客都是一个重要的个体，如果不关注这些个体的需求，那么会导致企业丧失绝大多数客户。在满足游客需求时，响应速度是重要的影响因素。因此，为提高响应速度，要引入高新技术手段，例如人工智能技术。此外，景区可以对特殊人员特殊对待，比如年龄超过60岁的游客无须排队、设置孕妇优先通道等人性化服务。同时也应该重视本地游客的需求，毕竟本地游客是对旅游目的地最熟悉、文化体验最深刻的一个群体。

二是管理。管理机制的建立主要体现在景区内部卫生、安全、消防等方面，这些是否能够定期进行检查、上报以及登记，直接影响到游客的生命财产安全以及消费体验，要不断改善服务。可以在购票时为游客播放音乐，提供老人和孩子休息区，并在必要条件下提供风扇等降温设备。

三是功能室。企业在景区规划时，应该结合市场发展需求，从学历、身份、年龄等因素着手，提供个性化服务，提升游客幸福感和满足感。基础设施必须具有相对健全的功能，同时也要保持卫生。尤其是母婴室，是否干净卫生直接影响到游客的游玩体验。按照景区内部文化特色来打造休息区和娱乐区，这是增加景区特色和彰显文化内涵的重要手段。

第四章　文化和旅游产业的管理

随着经济发展、技术进步和产业创新，产业之间的界限和壁垒逐渐被打破，产业之间出现融合发展的趋势，文化产业与旅游产业的融合便是其中一个例证。文化是旅游的灵魂，旅游是文化的载体。旅游是文化实现产业化的一种重要方式和途径，文化则为旅游产业品质的提升提供源源不断的内容。本章分为文化和旅游产业的行政管理、文化和旅游产业的经营管理、文化和旅游产业的品牌管理三部分，主要有文化旅游行政管理职能、文化旅游经营管理中的不足、文化旅游品牌建设等内容。

第一节　文化和旅游产业的行政管理

旅游行政管理是通过一定的手段方式对旅游活动进行引导和管理。旅游行政管理的手段主要包括利用旅游政策和法规实行依法治旅、依法行政；制定旅游发展规划，做好旅游公共预算；以合理化建议对旅游业进行宏观指导，制定优惠政策引导旅游企业发展；在行业内部和外部、纵向和横向关系上进行连续不断的沟通与协调；依据旅游法规和行业标准对旅游企业和个人的经营行为进行检查，对违反者给予制裁；运用财政和政策措施对旅游企业或项目进行扶持，为管理对象提供便利服务。旅游行政管理的主要任务是制定旅游产业政策、建立健全旅游法律法规、调控旅游市场、开拓监督旅游市场、提供旅游信息统计与咨询服务、协调好各方面的关系、旅游服务质量管理、提供旅游社会服务。

一、相关理论

（一）新公共管理理论

20世纪七八十年代，西方发达国家的政府行政管理已无法适应时代的需要，于是西方政府悄然掀起了行政管理模式的改革。自此，新公共管理理论开始兴起。新公共管理理论的核心内容是：为提高政府的公共服务水平，在政府等公共部门管理中引入私营企业的管理方法，充分发挥市场竞争机制，促进行政管理的科学性。具体来讲，新公共管理理论是通过绩效管理、目标管理等方式，以提高公共管理水平为目标，引入私营企业中以顾客实际需求为主的工作标准，以市场和公众需求为导向，鼓励私营企业参与公共服务，来弥补政府的不足。新公共管理理论不仅解决了公共部门工作效率低下的问题，重塑了政府在公众心中的形象，也为传统行政管理理念的改革寻觅出了一条新出路。根据新公共管理理论，旅游行政管理引用绩效管理等方式对旅游行政管理的目标完成情况进行评估，以服务旅游相关者为目标，引导社会力量参与市场竞争，倡导权力下放的管理方式，发挥政府在旅游业管理中综合协调的管理职能。

（二）利益相关者理论

利益相关者理论的主要理念是在发展中追求的是利益相关者的整体利益而不是个别主体的利益，因为利益相关者的投入是组织发展所不可或缺的。然而，如果将利益相关者简单地看成一个整体从而进行实践，难免会令人质疑，所以，从不同角度对利益相关者进行细分显得尤为重要。根据利益相关者理论，旅游业的发展在行政管理当中不能只考虑经济利益，还要考虑社会责任和政治责任，毕竟旅游产业涉及旅游行政管理部门、旅游企业、旅游者、当地居民等多方主体的利益，因此该理论可被运用到旅游总体规划、旅游市场监管、旅游环境保护、旅游资源开发等方面。基于利益相关者理论，政府在旅游业发展中要发挥利益相关者的作用，实现社会利益的最大化，促进旅游业管理体系的改革和创新，进一步推动旅游业持续健康发展。

（三）多中心治理理论

该理论认为政府不再是公共产品的唯一供给者，强调多元主体参与公共产品的供给。公共事务管理中包含了政府、市场、社会等多方主体，对政府而言，要从大包大揽的集权模式向侧重监管的间接管理模式转变；对市场而言，要积极发挥市场灵活多元的特性开展自我管理;对社会而言,要鼓励民众积极参与地方事务管理。将多中心治理理论应用到公共管理当中,能够兼顾公平与效率,建立多元主体在市场竞争中合作共存的良好氛围,使得政府的决策更具有科学性,公共治理能力更强,减少搭便车的行为。基于多中心治理理论,从提供旅游公共服务的角度来看,政府应当实现职能角色的转变,从管理者向服务者过渡,实现政府统筹、市场主体、社会参与的局面;从旅游市场监管的角度来看,多元主体参与旅游治理有助于旅游市场建立新的管理模式,能够解决旅游监管力量不足、监管成本高的问题。

二、旅游行政管理职能

旅游行政管理部门的职能重点放在发挥旅游行政管理部门经济调节、市场监管、社会管理和公共服务职能上,结合管理学相关理论和新公共服务理论的相关知识,再结合《中华人民共和国旅游法》对旅游行政管理部门提出的职能方面的要求,政府旅游行政管理职能从管理、调控、监督、服务等方面,可以概括为以下几个方面。

(一)决策职能

政府行使旅游行政管理职能时,必须审视自身的角色,将旅游主体放在首位,建立一个完整的公共机构,建立科学的旅游决策体系和科学的旅游决策过程。

管理就是决策,政府旅游行政管理部门的决策职能贯穿于政府旅游行政管理的全过程,在旅游行政管理部门的旅游规划、旅游组织、旅游调控、旅游监管、旅游服务的各个方面,决策职能贯穿始终,所以,旅游行政管理部门要掌握科学的旅游决策方法,制定科学的决策流程,以保证旅游决策的积极有效。

决策贯穿于整个旅游行政管理过程的始终,整个职能运行过程都是决策的制定和执行,是管理过程中的首要职能。一般在行政体系中层次越高,战略性决策越多;层次越低,执行性决策越多。决策制定是否正确、执行是否彻底将直接影响旅游行政工作的成败、效率的高低和面临风险的概率。一个成功的旅游行政决策需要在掌握大量信息的基础上,经过"发现问题—方案制订—提出意见—修改完善—方案选择—完成决策"一系列步骤才能初步完成。旅游行政决策主要内容应该包含旅游产业定位,明确旅游投资方向和规模,确定重点旅游项目的规划开发、旅游市场发展方向、旅游产业主体培育、旅游人才培养、相应旅游政策法规的制定等。

为旅游行业发展提供健全的法律保障体系。依法行政、依法治旅是政府旅游行政管理职能的前提，政府在健全完善旅游法律法规的前提下，应一方面规范旅游市场的行为，另一方面对政府旅游行政管理部门依法行政建立依据。

（二）计划职能

计划是制定行动纲领和具体措施，是整个系统协调动作的准绳，主要体现在一个地区和产业的总体规划以及部门主管单位的年度计划中。我国自1953年起以五年为一个时间段制定中短期规划，明确这一时期内行政管理主体和客体所要达到的目的和结果，区域、行业的相应规划也随之跟进。作为国家旅游行政管理部门，应当在国家规划的大前提下，将旅游业纳入国家和地区的社会、经济发展计划中去，使旅游业能够在有利的政策环境中有计划地协调发展。地方旅游行政管理部门，除结合本地实际编制中短期产业规划之外，还应在每个年度末制定下一年的工作计划和方案，明确任务目标，以保证部门五年规划目标的顺利实现。

建立健全旅游基础设施。该举措是政府旅游行政管理职能的重要方面，包括公共旅游产品的开发和公共服务的建立。旅游是由以景物为核心的餐饮、住宿、交通、购物、娱乐等基本要素构成的，各要素的进行都离不开健全的公共服务和完善的配套设施，这都需要政府加以解决，也是一个地方政府旅游行政管理部门需要监管和协调的主要方面。

（三）组织职能

优化旅游行政管理职能的目的和意义，就是提高旅游社会效益，旅游行政管理部门要当好旅游公共服务的组织者，要充分发挥旅游行政与旅游市场的作用，调动一切资源，建成有活力、有效率的旅游公共服务格局。政府旅游行政管理的组织职能，主要是建立一套完整的旅游行政管理组织体系，包括职能齐全的旅游行政管理系统、能胜任本职岗位的工作人员、明确的职责分工、健全的协调体系。具体包括旅游行政管理部门的建立和由政府牵头建立的旅游协会组织、旅游企业交流平台等。政府旅游行政管理的组织职能为旅游行政管理工作的开展提供了基础，是旅游行政管理的重要组成部分。

旅游行政管理部门的组织职能是通过旅游部门的机构设置、职权划分和人员配备，形成分工明确、组织严密的有机整体。具体来讲就是按照当地的旅游发展形势和目标，建立健全各级旅游行政管理组织机构，理顺行政体制和沟通机制，明确权责界限，完善相关规章制度，搞好编制管理，建立积极向上的人员选拔、调配、培训和考核体系，合理分配人、财、物力，从而实现旅游行政体系内部的有效指挥和政令畅通，确保完成旅游行政计划和目标。

（四）调控职能

政府旅游决策职能的发挥，主要体现在旅游政策的制定上，从新公共服务理论的角度来看，政府在制定旅游公共政策时要关注主体利益和公共利益，正确处理好政府与旅游市场、政府与当地社会、政府与游客之间的关系，制定规范、协调、高效的旅游政策。政府旅游行政管理部门的调控功能主要体现在优惠政策的提出、引导产业发展方向、旅游收入分配的调节等各方面，旅游行政管理部门要时刻监督、管理旅游行业发展，在旅游产业发展的前、中、晚期，根据发展出现的问题，及时制定政策进行调控。

调控职能是旅游行政管理中最经常运用且内容最为丰富的一项职能。旅游产业作为新兴的综合性产业，一方面旅游行政部门在管理过程中要不断架构与政府内部其他行政系统之间、旅游行政系统与政府外部其他系统之间的业务新领域，以便及时处理在旅游产业发展过程中出现的新问题；另一方面旅游行政系统内部要争取上级旅游主管部门的政策、资金等方面的支持，协调旅游企业、发展主体和旅游者之间的关系，以求达到本地区旅游产业的和谐发展。

做好旅游市场的宏观调控。旅游产业必须实现市场化，其资源配置、旅游市场的竞争都越来越受市场化的影响，与此同时也带来了环境污染、恶性竞争等不良后果，这就需要政府旅游行政管理部门发挥作用，做好旅游市场的宏观调控，一方面通过旅游政策引导旅游竞争，另一方面做好环境保护、可持续发展的调控和监管。

（五）监管职能

监管职能，是旅游行政管理部门依据旅游行政计划标准，衡量阶段性计划完成情况并及时纠正执行过程中出现的问题、偏差，从而确保旅游行政计划目标的实现。在旅游行政控制职能运行过程中应着重对地方旅游法律规章制度的实施情况、旅游服务行业标准的执行情况、各类旅游产业主体复核工作和旅游市场秩序的维护等工作进行监督控制。

在政府旅游行政管理优化中，如果想要创新政府管理模式，就要更加重视为旅游产业发展营造良好的发展环境。市场化进程中，破坏妨碍旅游市场秩序的乱象时有发生，各种不正当竞争层出不穷，政府旅游行政管理部门需要发挥其行政权力，通过旅游立法、旅游执法、旅游处罚等手段，规范旅游市场行为，同时，清理旅游市场乱象，消除不正当竞争，以保证旅游产业规范有序、良性健康发展。

（六）服务职能

政府旅游行政管理职能的优化，在新公共管理理论和新公共服务理论中，就是树立一种"游客至上"的理念，把提高游客的满意度作为旅游公共职能发挥的目标，以旅游社会效益为中心，提高旅游服务的质量，满足广大游客以及旅游市场主体的发展需要。政府旅游行政管理的服务职能就是政府为旅游市场发展提供相应的旅游公共服务和旅游公共产品，包括供电、医疗、公园等公共产品，也包括搭建旅游信息咨询平台、组建旅游救援队伍、建立旅游应急机制、教育培训等公共服务。这是需要不断优化和不断提高的一项职能。

（七）引导职能

引导旅游行业发展。政府旅游行政管理部门作为职能部门，需要引导旅游行业健康发展，需要为其制定发展方针，进行整体规划，使得产业发展中遇到的问题得到圆满解决，要完善行业法规确保科学合理的市场竞争，要为行业发展提供监控。另外，也要监督具体政策的落实情况，确保旅游业拥有健康的发展环境。

第二节　文化和旅游产业的经营管理

一、经营管理的理论基础

理论界对于企业经营主要有三种见解。第一种，将经营与管理等同，认为都是企业利用职能手段和资源条件来获取经济效益的过程。第二种，认为管理是经营的一部分，经营共有六大职能，除了技术、商业、财务、安全、会计五大职能外，还包括管理职能。第三，认为经营是管理的一部分，企业管理可分为生产和劳务管理、经营管理两部分。

经营管理创新早在20世纪就有人提出，当时是由经济学家约瑟夫提出的。这是一次跨行业的飞跃。经营管理创新是针对组织，将创造性的思想转化为产品、技术和服务的过程。创造力的组织形式本身是极具价值的，能够很好地适应时代的脚步。当组织具有创造力的时候，通常也是富有战斗力的时候，通过思想不断地转变，能够让生产力得到极大的提升。通过一系列的改革，将资本、原材料、信息、技术、人工、物流和售后等环节进行整合。这些过程对于组织本身来说是非常重要的元素，通过一系列的整合分析和运转能够形成一个重要的发展的动力。企业的经营管理创新中的驱动力应该来源于管理层，因为所有管理的细则都是由管理层提出的，所以经营管理创新自然是由管理层提出的。当然，进行创新的过程需要经过实地的调研才能够提出。

对于企业的管理层来说，将创新融入管理并不容易，尤其是能够形成有效的创新。他们需要知道人文、组织结构和企业文化对于创新的重要性。从组织结构上来看，有活力的结构有利于创新，拥有丰富想象力的团队通常都能够想到有效的创新方式。除此之外，和谐的部门之间的关系也有利于组织结构的形成，拥有紧密关系的团队更容易沟通。企业文化对于组织的创造力有极强的促进性，那些企业文化不和谐的组织，通常都无法正常地运转，更加谈不上拥有良好的创造力了。人力对于创新有着更加重要的作用，所有的创新都是来源于人的主观能动性。只有人能够形成有效的创新，并且能够产生更多价值。创新在最开始的时候也是一种思想，这种思想也是需要通过人来进行传播的，因为只有传播的思想才能够成为有效的生产力。一旦出现新的更高阶的生产形式，就能够形成更加有效的生产力。

二、文化旅游产业经营管理中的不足

（一）创新动能不足

创新动能不足，品牌保护意识薄弱。由于文化旅游企业多为生活方式型及多目标型，追求创新的动能不足、扩张意愿不强、品牌意识淡薄，加上资金力量较为薄弱、专业技术缺乏，而开发新产品前期投入较大、风险高，且新产品易被模仿，所以文化旅游企业大多不愿意投入资金进行产品的创新开发。

（二）市场竞争激烈

市场竞争激烈，低价恶性竞争。经营商家为了抢占有限的市场而采取低价竞争的手法，利润空间越来越小。有的商家采取各种手段尽量降低产品成本，以致产品品质下降，服务不足，以次充好；不愿降低成本、以次充好的商家因没有价格优势，面临生存经营的困境。

（三）文旅融合不够

文化产业和旅游产业融合不够，文化消费占比低。当前的旅游企业仍以经营中低端的餐饮、住宿和购物为主，食品类产品以及外来旅游纪念品比重过高，而真正彰显城市内涵韵味的文化产品比重偏低，文旅融合不够。例如，丽江古城商业化氛围较浓，古城的文化内涵逐渐被商业气息所掩盖，游客可观、可感的有内涵的文化体验较少，游客的游览时间和停留时间变短，从而降低了消费水平和旅游产业的整体收益。

（四）产品同质化

产品同质化，文化品位不足。一些古城内经营的旅游产品多为缺乏文化品位的大众低端旅游产品，产品同质化问题突出，且售卖的产品也多不是本土文化产品，而是其他民族文化的产品。例如，在丽江城随处可见的手鼓店售卖的是非洲手鼓，银器店多为新华银器，民族服饰店里经营的多数为白族、藏族服饰及苗族刺绣等，而经营本地纳西族服饰的很少，且这些产品多数由外地厂家进行生产，能够彰显丽江本土文化特色的产品开发力度不足，市场占比偏低。

（五）从业经验不足

从业经验不足，经营持续性弱。很多地方的传统工艺产品，生产过程颇具地方特色，但因制作成本高，生产过程烦琐，价格高，相比其他靠现代工艺生产的同类产品，往往处于竞争劣势，甚至面临生存的问题，加之很多从业者缺乏经营管理经验，对市场需求了解不足，不能及时转变经营理念和营销手段，使得很多纳西族本土特色产品，因不能适应日益激烈的市场竞争，逐步退出市场舞台，很多文化旅游企业呈现出经营持续性弱的特点。像纳西族传统的手工艺品（如铜器），虽然颇具地方特色，但由于不能找准自身竞争优势，逐步被现代工艺生产的铜器取代，所以现在几乎见不到纳西族传统工艺生产的铜器。

三、文化旅游产业经营管理的影响因素

（一）政府行为

1.政府决策

文化旅游企业的经营发展与政府行为紧密相连。政府的宏观决策和调控直接影响着文化旅游企业的外在营商环境，政府行之有效的政策能够推动文化旅游企业积极健康发展，政府部门任何政策决策的制定都会对文化旅游企业产生极其重要的影响。

2.创业环境

旅游业的特殊性在于，与其他产业相比，小企业占比高，且受环境的影响较大，合适的创业环境十分重要，自然、文化、生态环境都经不起破坏。得天独厚的气候、自然、人文资源，不仅吸引着众多旅游者，优美的自然风光和气候条件也成了众多文化旅游企业经营者的首要经营和创业动机。而环境资源的保护离不开政府部门的正确决策和引导。

3.营商环境

营商环境包括文化旅游企业经营外围的诸多因素，如管理是否规范、基础设施条件如何、安保条件如何、融资政策如何等，而这些影响因素都离不开政府部门的宏观政策和管理调控。如果文化旅游企业的相关管理部门太多，没有统一规范，一个政策需要经多方确认、多方协调，容易出现最终难以落实到位的情况，且由于各管理部门的职权范围重叠，面对文化旅游企业经营过程中的诉求，容易造成各部门互相推诿，出现管理真空等问题。同时，要求经营者在管理范围内从事经营活动的，应当遵纪守法、诚信经营、亮证经营、文明服务，切实维护好消费者的合法权益。

（二）市场情况

1.价格因素

房屋租金的上涨加大了文化旅游企业的经营压力，增加了经营成本。为了维持经营，文化旅游企业不得不提高商品价格或者降低产品质量标准，造成古城主要街区的商品价格普遍出现物价虚高、质价不符、低质高价的情况。游客消费欲望低，商家经营压力大，呈现经营活动持续性弱的特点。

2.顾客需求

游客在购买旅游商品时，会选择既实用又有本土文化特色的商品。游客购买商品时多会将价格与质量因素考虑在内，如果价格偏高，超出了绝大部分游客的消费能力和范围，游客便不愿意为本土民族特色商品买单。因此本土文化特色的商品需要进行商业化运作，需要创新创意，需要品牌化运作，但从前期研发到宣传推广，再到直接销售，都需要投入大量的资金、技术和人力资本，精心研发的产品很快就会被价格低廉、品质差的类似产品挤占市场，这对于文化旅游企业而言，风险实在太大。政府部门如何鼓励扶持文化旅游企业开发本土特色文化产品并进行市场化运作是目前亟待解决的问题。

四、文化旅游企业经营管理的对策

（一）彰显文旅特色

彰显文旅特色，提升竞争实力。文化旅游企业规模小，经营者的经营决策往往决定了企业经营是否能取得成功。要突出特色，保护与商业创新并存，创新与本源共同发展，守住本土文化的同时要发展创新，创新的同时要守源，不可将本土文化遗弃。

1.提升本土文化意识

文化旅游企业要积极参加政府部门组织的文化培训教育，要深刻意识到除了展示自己独特的经营理念外，还要将本土文化融入生产经营管理活动当中，这是持久吸引旅游者光顾、实现持续经营的有效方法。自觉将为了迎合旅游消费者低级趣味，有些甚至是通过歪曲、扭曲文化而赢得眼球的产品剔除出去，以最大限度地降低对本土文化的负面影响。

2.深入挖掘文化特色

目前旅游商品市场中，存在着大量所谓的特色商品，产品质量差、层次低，游客购买欲望低。部分城市文化资源丰富、文化特色鲜明，但产业开发不足。文化旅游企业要在政府部门的正确引导、布局设计及政策扶持下，深入挖掘本土文化和民间工艺特色，开发出既符合消费者需求，又极具地方特色的产品，要将富有特色和创意、受游客欢迎、丰富多彩的旅游产品输入市场，同时，注重产品质量把控，提升产品层次，开发出真正有识别度的旅游产品，如有文化特色的铜银制品、皮革制品、毛纺织制品、木雕制品。

文化旅游企业的品牌保护意识较弱，独创性、原创性产品经过投入人力、财力及时间打磨出来后，一旦受到市场欢迎，跟风、复制的产品很快就会出现，且往往价格较便宜，最先开发的文化旅游企业由于投入成本高，在价格上不占优势，面临的市场竞争压力大，这在很大程度上打击了文化旅游企业开发新产品的积极性。这就需要文化旅游企业提高产品保护意识，积极打造自主品牌，申请商标注册和产品专利，同时需要政府部门大力支持，给予文化旅游企业相应的保护、扶持、奖励政策，大力激活文化旅游企业的创新创造潜能。

（二）推动高质量经营

转变发展理念，推动高质量经营。文化旅游企业在经营活动中除了凸显文旅融合特色外，还应该适应现代消费观念的发展潮流，采取相应的经营战略，降低经营风险，推进高质量经营发展。坚守服务第一、遵纪守法、公平竞争、诚信经营的理念。

规范管理，合理执法，公平公正地维护商家和游客。一是应严格控制各行各业的无限制发展，以免打价格战和以次充好、无原则地降低服务成本；二是应成立各行各业的行业协会，协助、督促经营户自律；三是执法部门对欺客斩客的经营户实施零容忍，将不良经营户列入黑名单，从而起到杀一儆百的作用。

1.倡导体验式供给理念

伴着体验式旅游的发展，体验式旅游消费也同步快速发展。目前，游客不再进行走马观花式的旅游，而是更加注重体验性，购买一个产品，会对它是怎么来的，有什么特殊的含义产生极大的兴趣，特别是对在一些文化古镇所售卖的产品，游客更加关注其所具有的文化内涵、生产工艺等，文化旅游企业应该顺应时代发展的潮流，不再单纯提供产品售卖，而是要将游客体验理念融入其中，提供体验式产品供给。如铜器生产，虽然传统工艺制作速度慢，制作成本高，不具有竞争优势，但可通过展示制作工艺、让游客参与制作过程等方式，增加游客可观、可做的体验，提升产品的附加价值，增强产品的竞争力。又如游客体验式旅游的"食"要素。不同旅游地的饮食具有不同的特点，是旅游体验的重要组成部分，文化旅游企业应结合本土特色开发系列地方特色饮食，将游客看、观、做、吃美食融合在一起，增强游客"食"体验，不仅传播了本土饮食文化，还能激发游客消费欲望，提高消费水平。又如体验式旅游的"宿"要素。住宿是游客在旅行过程中非常重要的一个方面，文化旅游企业要将住宿作为展示人文的重要场所，整体布局、设计，均围绕民俗特色文化。有特色的民俗客栈，不仅能让游客感受民族文化特色，体会民俗民风的生活乐趣，而且能提高客栈吸引力，增强市场竞争力。

2.采取有效的经营战略

在竞争激烈的旅游市场中，文化旅游企业对未来的规划往往具有盲目性，自主生存能力有限，要想在激烈的竞争中求得生存和长远的发展，就要求文化旅游企业找准自身优势，扬长避短，采取有效的经营策略。文化旅游企业提供的产品和服务由于技术性不强，进入门槛低，产品同质性高，无序竞争现象多见。这就要求文化旅游企业采取差异化经营战略，本着人无我有、人有我优的理念，寻求差异化的产品和服务，以增强吸引力。为了降低经营风险，文化旅游企业多会选择经营多种业务，采取与实行单一经营相比更具竞争力的多元化经营战略。同时文化旅游企业还可利用互联网的便利，将企业的活动范围前后向分别延伸到供应源和最终用户，如通过电商平台进行网上销售，从而降低经营成本，拓展多元化的业务链，以最大化提高收益。文化旅游企业还应形成核心竞争力，不断提高技术含量，树立品牌价值，以具备独一无二的经营优势。

（三）政府政策支持

1.加强宏观管控

加强宏观管控，改善经营条件。根据调查，当企业主们被问及"您觉得当前最急需政府解决的问题是什么？"，回答内容主要有"加大扶持力度，保护投资者权益，不要为了政绩打压""应抑制无限制上涨的房租""管理部门太多，没有统一规范，一会儿一个政策""应该给我们营造一个良好的经营环境""办理各种证照难的问题，特别是消防证""加大宣传，提升旅游品质，保护好古城旅游资源""提高对旅游行业的重视，改善旅游环境"等。面对小企业主们的经营障碍诉求，政府部门应该加强宏观的管控措施，给予妥善解决。

2.营造好的创业环境

部分文化旅游企业责任意识和保护意识薄弱，特别是一些以挣钱为目的的商业型文化旅游企业，更是不惜以破坏人文景观、自然环境为代价获取利润。面对严重的现实状况，政府部门应该采取有效措施，规范企业经营行为，增强社会责任意识和保护意识。只有政府主导，带动企业共同参与，保护好自然环境和人文环境，才能持续彰显文化的独特魅力，推动文化旅游业的可持续健康发展，也才能为文化旅游企业提供好的创业环境。

3.构建好的营商环境

文化旅游企业作为旅游产业的重要组成部分，正在以自己独特的方式影响和改变着文化和旅游产业发展，政府部门应该正视文化旅游企业。

第一，加强安保工作。消除消防安全隐患，要以改善公共消防设施建设为重点，加强安保工作。

第二，加强基础设施建设工作。不断提升基础设施建设，完善水、电、网线路改造，在维持风貌的基础上，改善城内居住生活条件。

第三，强化规范管理。针对政府部门职能交叉重叠、对文化旅游企业的管理较为混乱等问题，进行统筹管理，成立专门的文化旅游企业管理部门，统筹协调、指导文化旅游企业的经营发展。管理部门要全方位关注文化旅游企业的经营障碍、存在的困难等，研究制定对应的有效解决措施。

第三节　文化和旅游产业的品牌管理

一、文化旅游品牌的界定

（一）品牌的内涵

一般来说，很多产品都可以被模仿、复制，市场上充斥着雷同化、同质化的产品。但是品牌产品因为具有独享性、无形性、扩张性及文化根植性等特点难以被模仿和复制，也越来越被管理者认为是建立持续竞争优势的重要战略支点。因此，当产品在使用价值相似的情况下，消费者更倾向于购买具有市场知名度和美誉度的品牌产品，因为有品牌的保证，即产品质量和服务的保证，同时也省去了选择陌生产品所带来的风险。而且品牌作为产品的符号和意义象征，给消费者带来附加的价值利益，有时候品牌也代表和反映了一个人的个性品位、社会地位、财富、价值观等，赋予了产品更多个性化、社会化、多元化的内涵。

（二）文化旅游品牌

与一般产品品牌相比，旅游领域的品牌发展起步较晚。随着旅游企业之间的竞争日益激烈，品牌发展战略逐渐成为旅游企业能够赢得市场优势的必然之路。20世纪90年代学术界才开始关注对文化旅游品牌的研究，但是关于文化旅游品牌的概念也有不同的界定。同时，文化旅游品牌是以文化为主要依托，能够彰显其文化内涵和文化特色的文化旅游品牌。文化旅游品牌也体现着旅游产品个性及游客的高度认同，能为游客提供与众不同、高质量的文化旅游产品和服务，从而满足游客的文化旅游需求。总的来说，文化旅游品牌就是能够体现文化、个性与独特性的品牌类别，与其他文化产业品牌，如演艺、出版、影视、网络、动漫等品牌相并列。随着文化产业与旅游产业之间的不断融合，未来旅游产业的发展趋势就是要不断创造出具有文化特色的文化旅游品牌。

（三）文化旅游品牌的独特性

一般产品的品牌在产品的使用功能方面存在相似之处，没有太大差别，但是在产品品牌的内涵和象征意义方面存在着不同，以展现出自身产品的个性、文化、价值，传达给消费者不同的主题定位和品牌认同。作为文化旅游品牌则与一般的产品品牌不同，文化旅游品牌之间的差异性就能体现出品牌之间的区别。与一般产品相比，文化旅游品牌的特殊性体现在旅游资源禀赋方面存在异质性。而且，旅游是需要游客实地游览才能完成消费的过程，是体验型产品。因为旅游是异地消费，在无法进行实地接触和体验的情况下，消费者倾向于关注旅游目的地品牌形象。因此与一般产品不同，一个旅游企业更有必要进行品牌塑造和提升。优秀的文化旅游品牌具有知名度、美誉度，也更受游客的青睐。

二、文化旅游产业品牌建设

（一）文化旅游品牌定位

文化旅游品牌定位，指的是要在游客的心中确立一种个性鲜明、生动、清晰的文化旅游品牌形象，争取所塑造的文化旅游品牌形象与消费者所期望的品牌形象相一致，使潜在消费者能够产生心灵上的共鸣，产生去旅游和体验的愿望和行动。一个清晰、有效的品牌定位可以准确地向消费者传达商品的信息，告诉消费者购买的理由，使消费者产生购买欲望。文化旅游品牌定位的准确性和清晰性有利于品牌的对外传播，吸引消费者的注意力，从而大大增强竞争力。如果文化旅游品牌定位模糊不清或缺乏鲜明的文化特色、主题，那么在品牌产品的设计和策划以及对外营销传播中就会削弱品牌吸引力。

旅游品牌定位是品牌建设的关键环节，只有进行了品牌定位，品牌形象口号、品牌标识系统建设、品牌产品和服务策划以及品牌宣传和推广才能有一个中心主题，才能做到所有的环节都围绕这个主题进行，有效地向游客传达主题特色，增强游客的体验。因此，准确的品牌定位是文化旅游品牌建设的重要步骤。

1.品牌定位的前提

品牌定位要符合当前和未来的旅游市场趋势，这就需要调查和研究旅游消费者的特点、消费需求和倾向。确定自己的目标市场，挖掘自身的资源优势和文化内涵，了解周围竞争对手资源、产品和定位，分析自身竞争的优势和劣势，从而找出契合消费者心理需求又能体现差异性和排他性的竞争性优势，准确地进行品牌的定位，并通过相应的旅游产品、服务、传播和营销手段来塑造和推广品牌形象。旅游经营者通过一系列的品牌形象塑造确立自己的品牌个性，从而将旅游产品与其他的旅游产品区别开来。

2.品牌定位的依据

品牌定位往往以主题词的形式表现出来，好的陈述能以简洁的一句话告诉受众产品是用来做什么的，企业是做什么的，它可提供什么益处，以及它与竞争者的区别。品牌定位也要通过凝练的、富有号召力的语言和口号来表现产品、服务、核心价值理念、消费者的利益诉求，并体现出其与竞争者的不同，达到传播和塑造旅游目的地品牌形象的目的。一般来说，旅游的品牌定位有以资源为基础和以消费者为导向和基础的定位方式。

①以特色优势资源为导向的品牌定位

旅游目的地所具有的资源优势是其区别于其他旅游目的地的基础。而在文化旅游品牌定位过程中，具有唯一性、垄断性的特色旅游资源就是品牌定位的核心要素。很多资源型文化旅游品牌就是依据地方品牌资源的优势而进行品牌定位的。如枣庄的品牌定位是"运河古城，江北水乡"、曲阜的品牌定位是"孔子故里，东方圣城"，都是对旅游目的地资源和文化内涵的形象概括。

②以旅游消费者的心理诉求为导向的品牌定位

因为好的品牌是知名度、满意度和忠诚度的统一，游客满意与否决定着旅游产品的口碑。品牌的定位从突出旅游资源的独特性转向旅游产品能够带给游客的什么文化或情感上的利益诉求。旅游市场的形势是变幻莫测的，需要根据市场的需求情况不断地调整原来的定位，以符合旅游消费者不断变化的需求，如此才能产生价值观和理念上的共鸣。

（二）文化旅游品牌设计

旅游的品牌主题定位对于后续的旅游形象系统和具体的旅游产品、旅游商品的设计与开发，都具有非常重要的作用。

1.品牌形象系统的设计

文化旅游的品牌名称、形象口号、标识等是品牌的物质载体，也是对品牌文化内涵的浓缩。我们已经分析了文化旅游品牌的准确定位在提升品牌方面的重要作用。旅游的品牌名称、形象标识、形象口号等形象体系的建设则要围绕品牌的主题定位进行设计和开发，并通过对内和对外的整合营销进行宣传。品牌名称、口号和标识是对旅游核心内涵和价值的承载，是对品牌文化内涵的生动描述。随着品牌观念的不断发展，很多旅游企业已经开始重视品牌标识形象系统的设计，通过向社会征集、与艺术院校合作和聘请设计公司进行设计。

①品牌的命名

一个品牌的名称是最为醒目的标志，而品牌名称的好坏，在一定程度上会直接影响到其产品的营销。品牌命名的设计原则，一般要符合合乎法律、简洁易记、暗示产品的属性与功能、能够产生正面积极的联想或想象等条件。

②品牌的形象口号

在文化旅游品牌的塑造过程中，好的品牌形象口号对于一个旅游核心价值的体现以及对以后的品牌传播具有非常重要的意义。品牌形象口号就是要通过简单凝练、精致形象的语言来传递旅游的精神内涵和独特之处，这是体现一个文化旅游品牌区别于另一个文化旅游品牌的重要标志。

③品牌标识的设计

从品牌传播学的角度来讲，品牌标识是指品牌中可以被认出、易于记忆但不能用言语称谓的部分。品牌标识一般由文字、图案、符号、颜色等组成，属于视觉语言，目的也是向消费者传播关于品牌的理念、文化、产品和服务等信息，使消费者能通过品牌标识产生对品牌的联想、认同。品牌标识在一般产品或服务中比较常见，如麦当劳的M标识、苹果手机的被咬一口的苹果标识，都是简单易记、颜色鲜艳的视觉艺术设计。由此可见，品牌的形象标识，在形象直观方面，因为容易对消费者记忆产生影响并使消费者产生品牌联想，所以非常有益于品牌的提升。

2.旅游产品分析

①自然景观与人文景观的统一

有效利用旅游所拥有的自然资源和人文资源，并使二者有机融合，从而体现在旅游产品中，比如遗址遗迹、民俗节庆、旅游演艺等文化景观，是自然与人文景观兼备的旅游，这是一种优势旅游资源。

②动态静态相结合

从旅游景点和旅游项目设置来看，除静态的自然风光、遗址遗迹、民俗院落之外，为了增加旅游体验还应专门聘请专业人员创作动态的旅游表演节目，另外，文化体验类旅游产品，例如，地下冰宫、漂流项目、拓展训练项目（公司或团体拓展活动）、骑马、射箭等，让游客能够在动静的旅游体验中充分感受文化氛围。

（三）文化旅游品牌的营销与传播

品牌定位之后，如何将品牌形象、品牌文化、品牌产品营销传播给潜在游客，是品牌建设的必要环节，也是品牌所要进一步解决的问题。其中，整合营销传播思维是当前品牌营销中应坚持的一种思路和途径。这也正是当下国内诸多企业在品牌的营销和传播方面所采取的综合化、系统化的营销战略。

品牌的经营不仅要经营好形象力，还要经营好注意力。当今旅游业的发展就是争夺注意力、吸引力的竞争，因此，提升旅游知名度和影响度就要靠品牌在形象力和注意力方面的经营和有效传播。现在单一的传播和营销渠道已经不能占领各层面的旅游消费市场，而是采用将所有有利于品牌传播的手段进行全方位的品牌理念、文化、名称、标识、产品、服务宣传。其中最重要的一点是将品牌的定位和口号迅速、准确、全面地传达到消费者心中，从而使消费者形成对品牌的认知和联想。

整合营销传播的方式有多媒介营销、节事活动营销等。整合营销传播首先要以游客或受众为导向。只有这样进行整合重组，才能使游客获得对文化旅游品牌的一致信息，传播影响力才能够达到最大的效果，从而加深游客对文化旅游品牌的印象。因此，整合营销传播就是对各种营销和传播手段的系统化整合，目的就是要将产品和服务品牌的核心价值和个性传达到潜在消费者脑海中，使消费者产生对品牌的认知、认同，从而提升文化旅游品牌的知名度、美誉度和忠诚度。

1.多媒介营销

①品牌的内部传播

品牌的内部传播指的是通过内部载体将品牌的名称、符号、标识、理念、文化等构成要素呈现出来的过程。品牌的内部传播，传递了文化旅游品牌的文化内涵，从而使游客能够在旅游目的地感受到品牌的影响力。而品牌的内部传播途径和载体，主要是旅游产品和服务、游客中心、门票、宣传册、宣传栏、标志牌、解说展板、导引牌、导游、工作人员等。

②品牌的外部传播

品牌的外部传播指的是借助各种可以利用的传统和新兴媒体，将品牌及其所蕴含的自然和人文特色的主打产品品牌传播出去的一个过程，通过电视、报纸、期刊、杂志、互联网、在线旅游平台、其他门户网站、户外广告、车载广告、车站、社交平台等方式实现外部传播，将品牌的内涵传达给潜在的游客。

2.节事活动营销

随着节事活动与旅游业的密切发展，节事活动也成了一种吸引游客的旅游资源。同时节事活动也成为一种旅游营销的方式，节事活动营销与文化旅游品牌的营销走向了融合。节庆活动或事件策划，特别是品牌活动的举办可以达到营销和传播旅游产品，带动文化旅游品牌发展的目的，如乌镇的戏剧节。通过戏剧节这一节事活动，乌镇营销了文化旅游品牌，从而使节庆与品牌推广实现了统一。

（四）文化旅游品牌的管理与维护

关于品牌的管理与维护涉及文化旅游品牌的商标保护、游客的投诉和反馈处理、公关危机管理、旅游企业社会形象塑造等方面。在这里，我们主要从品牌与商标的保护方面对这一问题进行探讨。

文化旅游的品牌名称、品牌标识是品牌的物质载体，代表着旅游景区的形象。尤其是具有知名度的品牌更是的一种无形资产，是产品、服务、文化、理念的综合体现。品牌在刚产生时可能没有什么价值，但是随着知名度的提升，品牌也会升值。为了防止其他商业团体对品牌的抢注，这时候就需要及时对品牌进行商标注册，以保护品牌的名誉和商业价值。这里的商标就是一种对品牌的法律上的称呼，是指受到法律保护的品牌。

对于一个旅游景区来说，品牌的知识产权保护是品牌管理的重中之重，要形成自己的品牌形象，其中品牌的法律保护是重要的环节。而品牌的保护首先是要对品牌的名称、标识、所涉及的商品和服务类别进行商标注册。

品牌本身就代表着商品和服务的质量以及消费者的满意度和认可度，是一个企业的无形资产。而当一个品牌的巨大商业价值使所有的类别都想和它搭上关系时，它的文化内涵就被淡化了。品牌名称一旦变成任何人都可以使用的通用名词，就等于耗尽了无形资产的价值。因此，旅游的品牌建设中一定要注重商标的注册，保护自己的品牌信誉。而只有经过国家市场监督管理总局商标局审核通过的注册商标，才具有法律意义上的效力。

三、文化旅游产业品牌管理

（一）文化旅游资源及品牌规划

文化旅游资源是在社会经济不断发展中形成的，文化旅游资源一般由社会环境、历史环境、民族风情等要素综合形成，这些不同要素形成了文化旅游资源独特的个性，不断吸引游客来游览和观赏。文化旅游资源具有两大特点：第一，具有游客的吸引力，这是形成文化旅游资源的基础，只有具备一定的吸引力才能够具有一定的市场价值；第二，文化旅游资源形态可以包含非物质形态，如历史文化等，这是文化旅游资源区别于其他旅游资源最大的特点。随着人们生活水平的不断提高，人们对于文化旅游资源的要求越来越高，他们不满足于对自然景观、人文景观的观赏，更加重视精神层面的需求，如探寻传统习俗、参加民俗活动等。文化旅游品牌建设是提升文化旅游发展的重要内容，文化旅游品牌建设的内容主要包含以下几个模块。

1.文化旅游资源的规划

相比一般产品或服务，文化旅游资源具有差异特点突出、文化旅游资源分布分散，以及非物质文化旅游资源的无形性等特点，导致在构建文化旅游资源品牌的过程中需要对现有的文化旅游资源进行整合，只有整合后的文化旅游资源才有助于形成一定的品牌效应。因此，在构建文化旅游资源品牌的过程中，需要对现有的文化旅游资源进行整合。

2.文化旅游品牌形象建设

品牌形象建设是构建文化旅游品牌的重要内容，在推进文化旅游资源品牌形象建设中需要重点突出文化旅游资源的独特性，因此，品牌形象成为构建文化旅游品牌建设的重点。在推进和构建文化旅游品牌形象的过程中，需要结合文化旅游资源的独特性塑造文化旅游品牌形象。同时，在构建文化旅游品牌形象建设的过程中，还需要重点维护文化旅游品牌形象，特别是政府应当积极关注文化旅游服务的质量监督，在推进文化旅游产业的发展过程中，保障旅游者的切身利益。

3.文化旅游品牌传播

文化旅游品牌传播是提升品牌知名度的重要途径，当地政府在推进文化旅游品牌传播建设的过程中，需要综合利用各大媒体宣传品牌，进而提升文化旅游品牌的知名度。

综上所述，文化旅游资源建设与品牌建设是推动文化旅游产业发展的重要内容。政府部门需要利用自身的优势推动文化旅游资源的整合，在整合过程中形成自身独特的竞争优势，同时，加强文化旅游品牌建设，重点关注文化旅游品牌形象建设、文化旅游品牌推广等。

（二）文化旅游品牌建设与地方经济社会发展

文化旅游品牌建设是推动文化旅游产业发展的重要内容，同时，文化旅游产业作为地方经济社会发展的重要产业之一，其发展质量直接关系到当地社会经济的发展。因此，在推动地方经济社会发展的过程中，当地政府需要充分实现当地产业与文化旅游的融合。文化旅游品牌建设与地方社会经济发展的关系主要表现在以下两个方面。

1.文化旅游产业是当地经济社会发展的重要产业之一

近几年来，随着社会经济的不断发展和人们生活水平的不断提高，人们对文化旅游资源的消费日益增加。从我国经济发展的趋势看，文化旅游产业将成为经济发展的重要方向。因此，当地政府需积极扶持文化旅游产业发展，从而带动当地社会经济的发展。

2.文化旅游产业能够充分带动当地其他产业的发展

文化旅游产业的发展可以带动相关产业的发展，如交通行业、零售批发行业等。文化旅游产业的发展能够吸引大量的人员进入当地，进而带动相关产业的发展。

因此，在推动当地文化旅游产业的发展过程中，政府行为成为关键所在。政府可以采取多种手段对社会经济的发展进行综合调节。政府行为具有一定的特点：第一，政府行为具有行政性，即政府行为需要满足相关行政程序与原则需求；第二，政府行为具有非营利性，作为政府，其出发点是维护公众利益，满足公众需求，不以营利为目标；第三，政府行为具有强制性，政府可以依据法律法规保证各项政策强制执行。

（三）政府在文化旅游品牌建设中扮演的角色

在文化旅游资源管理的过程中，政府应当扮演三种角色，即战略决策者、服务提供者、文化旅游监督者。

1.战略决策者

在文化旅游品牌建设的不同阶段，特别是在文化旅游品牌建设的初期，政府扮演战略决策者，主要负责文化旅游资源的投资管理，以及旅游资源的发掘等；同时，在文化旅游投资的过程中，需积极推动文化旅游资源的整合，并结合当地经济社会的发展情况，为推动文化旅游资源发展提供多项财税政策。

2.服务提供者

为了推动文化旅游产业的发展，政府应当作为服务提供者，为企业和游客提供服务。首先，对于文化旅游企业而言，政府部门需为企业提供相关配套的公共服务，通过配套完善的公共服务促进文化旅游产业的发展。其次，对于文化旅游的游客而言，政府部门需为游客提供完善的咨询服务和旅游集散服务等。

3.文化资源监督者

相比较其他部门，政府部门也是文化资源监督者，在以市场为导向的文化旅游市场，政府部门需要不断调整不同主体的利益。具体而言，政府部门可以制定相关的法律法规来监督日常主体的行为，并打击文化旅游市场中的非法活动，推动市场的健康发展；同时，政府部门还应当加强对市场竞争行为的管理。

（四）文化旅游品牌建设中政府行为的相关理论基础

1.可持续发展理论

随着社会经济的不断发展，特别是近年来环境问题日益突出，为了平衡社会经济与环境的发展，提出了可持续发展观。可持续发展观作为人类社会全面发展的重要观点，强调在社会发展的过程中，不仅需考虑经济的发展，更需要综合考虑自然环境的承载能力。从国内外相关研究文献可知，可持续发展理论强调社会经济发展与自然生态发展相统一，从单一的社会经济发展的视角，演变为自然、社会和经济的综合发展视角。

可持续发展概念的提出始于20世纪80年代，1987年，世界环境与发展委员会在报告中第一次定义了可持续发展，并得到国际社会的广泛认同。因此，在推进文化旅游资源管理的过程中，需要坚持可持续发展理论，既要关注文化旅游产业的经济效益，又要重视在文化旅游资源开发过程中对生态环境的保护。

①文化旅游资源开发的可持续发展理念

文化旅游资源是有限的资源，在开发文化旅游资源的过程中，应当深入挖掘现有的文化旅游资源，并在开发过程中注重对历史文化资源与自然资源的保护，实现二者有序、协同发展，避免因开发文化旅游资源而破坏自然资源。

②文化旅游品牌发展的可持续理念

文化旅游品牌的发展是一个可持续发展阶段。首先，在文化旅游品牌开发的过程中，应当坚持可持续发展的理念，依据现有的文化旅游资源持续开发文化旅游品牌；其次，立足文化旅游品牌定位，从长远角度出发推进文化旅游品牌建设，全面提升品牌的影响力以及品牌对文化旅游产业发展的带动作用；再次，文化旅游品牌建设的可持续发展需要满足人们文化旅游消费需求，并综合平衡文化产业发展与自然环境的发展，全面可持续地推动文化旅游品牌发展。

2.品牌管理理论

随着市场经济的不断发展以及消费者对品牌认知的不断提升，品牌管理逐渐成为不同市场主体的重要管理内容。从品牌管理的内容来看，主要分为三个步骤开展，具体内容如下。

①构建品牌识别系统

市场参与主体在构建完善的品牌管理体系时，首先需要对品牌进行全面的调研与诊断，具体包含对外部环境、目标消费者进行全面的调研，进一步加强品牌的差异化。同时，在品牌诊断的基础上，构建具有较强识别系统的品牌识别系统，为提升品牌资产做累积。

②优选品牌化战略与品牌架构

优选品牌化战略与品牌架构是开展战略品牌规划的重要内容。在单一产品的格局下，系统的营销传播活动都是围绕提升一个品牌的资产而进行的，当公司的产品主线增多时，相关延伸的品类缺乏持续性。因此，市场主体在开展品牌战略规划时，需要综合考虑与研究企业的财力、发展规模、目标消费群体的心理等，进而选择科学高效的品牌化战略模式。

③进行科学合理的品牌延伸扩张

构建强大品牌的目标在于获得持续的、较好的销售与利润，由于品牌资产中包含诸多可反复使用的无形资产，因此，保持科学合理的品牌延伸扩张策略能够推进品牌的可持续发展，保障好品牌资产。

第五章 文化和旅游产业的融合发展

　　旅游产业在国民经济中的地位不断提高的同时，逐渐成为促进区域城市经济发展的重要动力，而如何实现经济与文化产业双赢的局势，也成为现阶段经济新常态下文化与旅游产业的核心发展方向。本章分为文化和旅游产业融合发展的可行性；文化和旅游产业融合发展的模式、原则与路径；国内外文化和旅游产业融合发展的经验三部分。主要内容包括文化产业和旅游产业的关系、文化和旅游产业融合的基础、文化和旅游产业融合发展的影响因素、文化和旅游产业融合发展的意义等方面。

第一节　文化和旅游产业融合发展的可行性

一、文化和旅游产业融合发展的基础

（一）边界的模糊性：融合的开端

　　文化产业和旅游产业之间有一定的模糊性，文化产业的旅游性、旅游产业的文化性交互影响的趋势已经较为明显，这意味着两个产业之间可以形成融合，并在产业融合的基础上达到更好的发展。

　　首先，文化产业和旅游产业都有显著的开放性特征，文化产业主要是那些供给文化产品的产业群，文化产品类型多样，行业不确定性较强，与其他具有明显边界的产业有着极大的不同。所以，文化产业开放性较强，可以有效实现与其他行业的融合发展。

　　其次，旅游产业也是一个边界模糊的产业，与餐饮、酒店、购物、交通等各行业都有着密切的联系。随着时代的不断向前发展，旅游业对经济增长的突出作

用逐渐显露出来，为了更好地实现产业转型升级，旅游业与其他产业相互渗透交叉，实现互利共赢。由此可知，文化产业和旅游产业都具有显著的开放性和模糊性，具备了融合发展的条件。

除此之外，文化产业中的历史博物馆、民俗演出、影视产业等都有助于丰富旅游产业种类，在旅游业中引入上述形式都可以推动旅游业发展，使之成为文化旅游产品，同时促进文化产业和旅游产业的发展。

（二）资源的通用性：融合的桥梁

文化资源通常指的是经过历史沉淀而形成的各种文化因素，不仅可以帮助人们提高精神文明素质，而且还可以进一步提升经济效益。主要的文化因素有传统习俗、建筑风格、服装饰品、历史古迹、艺术品、食品等。旅游资源则是指可以为旅游开发和发展所用的资源，旅游公司会对自然界中对游客有吸引力的资源进行进一步开发，使之发挥经济效益和社会效益。总体而言，旅游资源包括自然景观和人文景观。

旅游业在发展的过程中会充分发挥自然资源的作用，在合理的范围内进行资源挖掘与使用。在这一过程中，人们实现了文化传播与保护，将文化产品和旅游产品融合起来，推出新型文旅产品，满足游客对旅游体验的美好期待。由此可知，文化资源是一种黏合剂，具有极高的通用性，能够在文化产业和旅游产业交叉融合中实现产品创新。

（三）文化与创意：融合的核心

根据文旅融合产业特性研究，文化产业倾向于文化与创意关注，注重创造与销售的增长。旅游产业的发展以自然资源为基础，只有在自然资源丰富的地区才能实现旅游业的快速发展，一些自然资源形态良好、种类丰富的地区，甚至只需要对资源进行简单的开发就可以发展旅游业。这就意味着，不是所有的自然资源都可以为旅游业服务，为了实现扩大游客规模的目的，还要推出新型旅游产品，在各项旅游活动中注入新的活力，利用创意旅游的形式推动旅游业发展。近年来，人们对文旅的需求不断增加，这就要求旅游目的地重视文化内涵的挖掘和创意的融入，通过新型文旅产品来满足游客的个性化需求。由此可知，文化内涵与创意有效推动了文化产业和旅游产业融合，能极大程度上提升游客满意度。

二、文化和旅游产业融合发展的关系

（一）文化和旅游产业融合的资源观

从资源角度看，文化和旅游融合高质量发展要处理好文化和旅游融合过程中文化资源融入和文化资源借用的关系。文化和旅游融合涉及文化的资源化和文化的旅游化，这就涉及以下问题。

第一，从文化和旅游融合的资源角度看，存在"愿不愿意""可不可以"的问题。有些文化资源的价值很高，但文化资源尤其是文物资源往往是处于被保护的状态，其行政主管部门或者直接管理方没有意愿进入旅游市场，或者虽然意愿很高，但资源自身的价值不高，很难被用于文化和旅游融合。

第二，从文化和旅游融合的动机角度看，存在"需不需要""值不值得"的问题。文化文物价值与旅游体验价值之间不完全等价。如果不能借助科技手段找到资源向产品转化的有效渠道和方法，那么即便文化文物价值很高的资源也未必是旅游者所需要的，这些文化文物资源就很难作为文化和旅游融合的对象。

第三，从文化和旅游融合中的资源转化角度看，存在"能不能够""妥不妥当"的问题。具体而言，存在着文化资源是否能用于文化创意、文化创意是否能把资源价值充分挖掘出来，在文化创意的过程中"文"和"创"转换是否妥当等问题。

第四，从文化和旅游融合中的资源产品化角度看，存在"好不好玩""时不时髦"的问题。其关键是要考虑产品化后是否符合文旅消费者的需求。文化资源的产品化显然不能停留在传统的说教模式上，而是要符合当前消费的偏好与潮流。没有时尚的表达方式，文化旅游产品很难进入消费者的选择范围。在推进文化和旅游融合发展时，要注重传统的文化，时尚地表达；厚重的历史，轻松地表达；中国的故事，国际地表达。

可见，文化并不都是高雅、神秘、精英化的，文化也是日常、世俗、生活化的。然而，这并非指在文化和旅游融合过程中可以单纯借由个人的体悟或思辨而获得文化上的收获，因为这种思辨对个人的知识储备、理解能力都有很高的要求。在大众旅游时代，规模庞大的旅游群体并不都具备如此知识和能力。

在文化和旅游融合过程中，需要加强对文化资源的挖掘、整理和研究。如果没有深入地研究文化，就容易造成文化和旅游融合中的误读、错用，或者因为不了解而高估，把某种文化置于不切实际乃至过高的位置上，造成在文化本源和旅游体验之间产生认知偏差，也就难以形成文化和旅游有效、深度的融合。而这种偏差在推动优秀传统文化传承、培育民族文化自信时需要极力避免。

（二）文化和旅游产业融合的产品观

从产品角度看，文化和旅游融合高质量发展要处理好文化和旅游融合过程中符号提取和意义生成的关系。在《哲学新解》中，苏珊·朗格（Susanne K. Langer）指出，人类是符号的动物，我们一直在创造看起来跟"适者生存"原则背道而驰的庞大的符号系统。马克斯·韦伯（Max Weber）则指出，人是悬在由自己所编织的意义之网中的动物。

可见，符号创造的目的不是符号本身，而是它们背后所希望传递的意义。在文化和旅游融合过程中，并不只是从所在地文化中进行遴选、提炼进而呈现某些代表性符号，也不只是简单地将这些符号植入到旅游消费场景中，而是要像朱熹所倡导的一样，置心于物中。引导文旅消费者进入到符号系统，并借由旅游消费，向尽可能多的人传递符号背后的意义。

然而，在消费世界的符号化过程中，为了让消费本身变得可衡量、可规范以及消费体验结果的一致性，往往使符号成了消费本身，而忽略了符号背后所承载的意义以及意义的弘扬与传播，忽略了符号之所以被创造出来，就是为了向人们传达某种意义这个根本目的。符号简化了文化表征，但不应该简化文化意义。

因此，高质量的文化和旅游融合产品需要兼顾符号化的消费和沉浸式的体验，需要实现从外在的文化猎奇到内在的文化参悟的转换，需要实现从文化的"实然世界"到消费的"符号世界"再到消费者的"意义世界"的螺旋式上升。高质量文化和旅游融合产品不是简单地把文化符号置于旅游消费的场景中，而是要通过旅游场景来传递符号背后的意义；不是简单地让旅游者"看到"，而是要从"看到"转向"知道"；不仅要让旅游者"听见"一个个文化故事，还要让他们能够"听清""听进""听懂"这些故事。只有如此，讲好中国故事、传递中国声音才能真正落到实处。

（三）文化和旅游产业融合的市场观

从产品角度看，文化和旅游融合高质量发展要处理好文化和旅游融合过程中"想要"和"需要"的关系。讲好中国文化故事是讲好中国故事的重要组成部分。然而，除了要讲人们爱听的故事之外，还要讲中国文化故事背后人们该听的道理和价值，让人们真正感受到文化之美。在文化和旅游融合过程中，给旅游者提供"想要"的就是"以需定产",市场想要什么,企业就供给什么。从企业获利的角度看,这种做法具有合理性,但这种市场驱动型的文化和旅游融合也容易造成一味迎合、迁就市场的低级趣味、低俗化的倾向。旅游是文化的载体,这实际上是希望以今日之旺盛旅游消费延续旧时之灿烂文化精神,通过旅游的方式呈现文化、传播文化,并发挥文化在以文化人方面的积极作用。这显然就超越了市场利润的追逐,有了更深层次的使命追求。此时的文化和旅游融合显然是一种使命驱动型的融合。市场驱动型文化和旅游融合所面向的是最容易影响的受众,而使命驱动型的文化和旅游融合要面向的则是最应该影响的受众,因此也会面临比市场驱动型融合更多更大的困难。尽管幸福往往表现为欲望的满足,但作为五大幸福产业之首的旅游业,要清醒地认识到,除了生活的满足和世俗的享受,幸福还来自生命的丰富和精神的追求。

因此,人们在寻求旅游所带来的快乐之外,还需要一些能够引发共鸣、思考,需要正视人们肉体的饥饿虽然解决了,灵魂的饥饿却越来越严重的问题,需要警惕城市化发展、互联网社会所带来的消费主义、娱乐主义的倾向,需要高度重视认同焦虑、精神空虚的问题。高度的文化自信需要旅游者在文化的观照中对生命进行思考、追求高尚的快乐。

(四)文化和旅游产业融合的空间观

国内传承注重强调文化对个人生命的滋养和丰富,强调优秀传统文化的传承,突出文化和旅游融合对于坚定文化自信、弘扬文化意义的积极作用。因此,要创新性地推进公共服务体系建设,服务于游客和居民的共同需求。

国民之间的频繁往来、日益互信是国家之间政治互信的重要基础。国际传播则注重突出国家形象、文化魅力、旅游引力,通过入境旅游的在场体验、临场消费来促进相互间的文化理解,增进各国人民之间的互信。尽管当前入境旅游发展存在不足,新冠疫情更使得入境旅游发展存在不确定性,但从文化国际传播的意义看,提出解决入境旅游发展问题的系统性解决方案,系统性地重构入境旅游供给体系显得极为迫切。如何采用入境游客乐于接受的方式、易于理解的语言、善于使用的新媒体,讲好中国文旅故事,是文化和旅游融合高质量发展应当重点关注的问题。

(五)文化和旅游产业融合的创新观

文化和旅游融合要重视文化传承。文化和旅游融合发展中的文化传承需要创造性转化，但也要避免过度世俗化、卖萌化和网红化，应当平衡创造经济价值和彰显文化价值的关系。文化和旅游融合高质量发展是通过旅游方式增加人们的文化新知，要引领市场的文化品位，促进文化传承，履行当代人在文化传承过程中的文化责任。

文化和旅游融合过程中的文化创新也至关重要。文化遗产不只是前人留给当下的财富，也应该包括当下留给未来的财富。因此，不仅要努力守护好历史传承下来的文化遗产，把文化遗产的接力棒完好地交给后代，同时在文化演进的过程中，也应该留下属于这一代人的文化贡献和文化印记，要有创造未来文化遗产的精神和理念，在文化上有创新性发展。旅游的发展不仅得益于文化资源，同时也会深刻地影响文化，甚至产生新的文化。作为人们重要的生活方式，旅游也在形成新型的消费文化，对文化自身的生长和丰富具有贡献。

三、文化和旅游产业融合发展的意义

文化与旅游共生互补，相辅相成。对观光游客而言，低层次的旅游阶段是浅尝辄止，高层次的旅游是寄情于景、情景交融。当下随着人们对旅游品质的日益重视，很多游客注重高质量的旅游体验，文化也随之正在成为旅游活动的精神支柱，并成为旅游经济的重要指南。

以文化为内容，以旅游为平台的文化旅游产业，日益凸显出强劲的生命力和活力。推进文化与旅游业的融合渗透发展是全球旅游业发展的共同趋势，也是先进旅游领域的成功经验。北京、上海、广州、巴黎、伦敦等地的旅游开发经验表明，要想将旅游产品做到精致，旅游景点吸引力要强，旅游经济要发展得好，首先要做到文化产业与旅游产业的融合。

（一）助力区域形象全面提升

一个拥有众多高知名度旅游景点的地方，就是具有独特文化特色和文化魅力的地方。例如，人们通过风筝节知道了潍坊，通过冰雕节知道了哈尔滨。文化旅游的发展充分向游客展示了深厚的文化底蕴、优美的山水风光、淳朴的民俗风情，使更多的人加深了了解、增强了兴趣、增加了投入，从而有效促进了文化旅游的对外交流与合作。

（二）侧面推进优秀文化传承

旅游业为文化的发展架构起重要平台，旅游资源本身也蕴含着极其丰富的文化内涵，旅游资源的设计开发呈现的过程也是对文化的拯救、传承和弘扬的过程。如在文化旅游发展过程中，间接修复和保护了西藏的布达拉宫、云南的丽江古城和香格里拉、江西的景德镇古窑等许多文化遗产，使它们重新获得了新生。

（三）有利于提升产业竞争力

文化产业和旅游产业的融合使得两者不再是对立的产业，而是产生协同性与关联性的产业。不同产业或同一产业企业之间，通过融合可以实现在共同的平台上整合不同的业务和产品，实现资源共享的同时，有效降低企业生产经营成本，进而提高产业竞争力，而竞争力的提升有利于企业资金的注入、资源的吸引和市场范围的扩大。由于两大产业在消费者需求、管理与经营主体、市场服务对象等方面存在差异，因此在融合的过程中两者自然而然地借鉴或学习到对方的可取之处，这对自身产业内的生产流程、消费市场与价值创造过程都可以带来积极影响，进而优化产品的市场需求和产业核心能力。

（四）促进旅游产业结构升级

1.技术创新促进旅游产业结构升级

在技术创新的作用下，旅游产业和其他相关产业会朝着相同方向运动并最终实现汇合，形成一个新的系统主体，因此旅游产业融合在本质上也是一种创新。旅游产业通过与文化产业的融合，在拓宽了自身产业范围的同时，还提高了相关产业产品和服务的综合质量。文化与旅游产业融合加速了新型旅游业态的产生，越来越多的创新型旅游产品也随之出现。创新型旅游企业和其他相关企业为适应新型产品需求的增加而不断扩张，增加产能，因此改变了旅游相关企业的数量和比例，进而改变了整个旅游产业结构。

此外，除催生了新型旅游产品与服务外，新型旅游业态的出现进一步促进了技术创新水平的提高和创新产品的市场扩散，不断提升旅游消费者的需求体验，通过在旅游产业供给端和需求端两方面的改变，对旅游产业结构进行调整和重组，从而推动产业结构升级。

2.政府政策推动旅游产业结构升级

科学合理的产业政策可以为文旅产业融合提供宽松的外部条件，激励两大产业融合发展。近年来，政府陆续颁布了一些鼓励旅游产业发展的政策文件，如《关于加快发展旅游业的意见》的出台为推动旅游产业的发展作出了指示，旅游产业应抓住机会迅速发展。

目前，旅游产业和文化产业已经开始进入全方位立体融合阶段，融合深度不断增强，旅游产业在技术、市场、产品和生产要素等领域的结构逐渐得到优化，在一定程度上促进了旅游产业结构升级。针对缺乏资源和运营经验的私人旅游部门，政府可以通过财政支持和政策导向等方式对产业统筹协调，以推动旅游产业的健康发展。

另外，政府通过对产业发展政策加强调控、放松市场管制等措施，可以激发旅游企业尤其是中小企业的经营活力和创造力，有利于企业全要素生产率的提高。文化产业与旅游产业在资源、市场和产品多层次融合发展过程中，能够在政府政策的调控下合理匹配旅游产业要素的投入与产出结构，推动其产业结构升级。

3.人力资本积累拉动旅游产业结构升级

人才是影响旅游产业发展及结构变迁的重要因素之一。人力资本是每个人所拥有的知识、能力、技术和其他素质，通过这些能发挥个人价值，促进社会经济发展，人力资本是推动产业结构转型和升级的重要因素。人力资本的积累和文旅产业融合有着非常紧密的联系。文旅两大产业在融合发展过程中急需复合型的专业人才，对劳动力素质的要求不断提高，从而带动文旅及相关产业人力资本的投入。

人力资本投入的不断增加使得相关从业人员的技术水平及综合素质得到很大提升，提高了人们的收入水平和生活品位，并为产业发展提供了人才支持。同时，随着人力资本的积累，旅游人才的不断涌现有力地提高了旅游产业的创新水平，催生了更多新型旅游产品及服务的出现，促进了两大产业的融合。同时在旅游消费需求的刺激下，旅游资源的配置效率不断提高，产业结构得到优化，能加速旅游产业结构升级。

（五）促进乡村旅游迅猛发展

1.体现乡村旅游特色，提高品牌识别度

文化旅游是文旅融合的产业核心，游客不仅仅是徒步观光，还能够体会当地文化，了解风俗。提高品牌识别度，关键在于品牌文化的归纳，需要将文化的独特性和一致性赋予到品牌形象中，以此为基础展开明确的品牌定位。如此一来，游客会对品牌产生忠诚感，更加依赖于自己喜爱的品牌。这并不是产品利益能够做到的，而是产品品牌背后的文化和内涵能够达成隐形资产的提升。

作为乡村旅游品牌的核心，乡村文化在品牌的经营和发展中不断累积和传承，同时也让游客对于乡村文化产生归属感和认同感。乡村旅游应该将本土文化作为核心要素展开宣传并对已有宣传资源进行整合，确保游客能够清楚品牌理念，并形成情感认同。

在实地旅游观光中，游客可以感受到乡村古迹和千百年来生活方式的传承，但消费者和游客来到乡村观光并不是简单地体会自然风光，更多地希望通过融入当地日常生活来体会历史和文化，使内心的归乡情怀有所寄托。因此，内心融合和情感归属实际上就是游客对于乡村品牌的信赖，同时也是乡村旅游最好的特色表达。

2.开发旅游产品，增强品牌竞争力

提升品牌竞争力最重要的就是要提升核心竞争力，可以通过突出产品特色加入文化创意，借助优势产业来传播文化内涵。品牌形象实际上就是旅游业核心竞争力的重要载体，也是连接景区和游客的纽带，因此品牌形象是游客对于乡村的第一印象，有利于使游客进入更深层次的体验，对旅游发展而言格外重要。

文旅融合不只是两个产业的简单拼接，针对旅游品牌形象而言，就是要将乡村的地理、历史、民俗等资源环境赋能，使旅游资源最大化，成为不可或缺的核心要素，凸显差异化优势，为该品牌形象构建和延伸提供重要基础，增强地区竞争力，并引导区域内其他旅游品牌发展。因此，品牌竞争力的提升使受众或游客能够通过品牌形象认识景区，满足精神文化需求，对乡村独特的自然景观，淳朴民族风情产生联想和兴趣，最后变成驱动游客来到乡村旅游的引擎。

3.促进乡村旅游宣传，扩大品牌知名度

在文旅融合视角下构建旅游品牌形象的重要节点，就是重新整合地区的各项资源，并逐个进行糅合优化，利用好文化红利，创造更大的利益。立足于文化空间的营造，将科技创新引入品牌形象推广，利用现代融媒体、多感官互动等创新方式，区别于传统媒体的单向传播方式，更加灵活广泛地为游客及时推送旅游资讯和文化知识，在这一推广过程中多方位、更详细地阐述品牌形象的文化内涵，有助于增大乡村旅游品牌形象传播和推广的效果及范围。

第二节　文化和旅游产业融合发展的
模式、原则与路径

一、文化和旅游产业融合发展的模式

文化与旅游产业的产业核心价值存在差别，且二者的类型较多，产业发展过程不同。笔者通过对两大产业的产业特征、互动方式及产品形式进行总结研究，将文旅产业的融合模式分为渗透、重组和延伸三种模式。

（一）渗透型融合

根据渗透方向的不同这种融合模式可以分成两种类型，分别是文化向旅游产业渗透融合和旅游向文化产业渗透融合。

第一种融合模式主要以产业渗透的方式来实现，其实质是通过技术创新率先促进文旅产业的渠道和内容分别融合，然后再推动产业融合。主要表现形式是通过特定的制作技术和表现手法将富有创意的文化元素逐渐向相关的旅游产品中渗透。

第二种融合模式是旅游产业渗入到文化产业，主要表现为增添文化产业的旅游功能，例如，在文化创意产业园区中建立动漫游乐园、影视基地等娱乐景点，吸引更多的游客前来参观。这种在文化产品中导入旅游功能的模式，有利于提高产品的关注度，加速形成品牌效应，显著增强文化产品的市场竞争力，有效解决文化产业发展过程中遇到的问题，以功能互补的形式促进文化与旅游两大产业的融合发展。

（二）重组型融合

重组型融合是指几个相关产业的产品及服务原本相互独立，由于特定标准的实施导致其发生重组并最终整合为一体的过程。比如种植业、畜牧业和渔业本是三个相互独立的产业，但是生态农业发展要求将三大产业以重组模式融为一体。文化与旅游产业发生重组型融合的表现形式之一是通过会展和节庆等活动方式对产业实现融合。在节庆和大型会展举办的过程中，依托当地丰富的旅游资源，将

两大产业活动进行整合和重组，进而创造出一种新型的文化创意旅游业态，打造出具有互动功能的文化创意旅游体验项目，既推广和营销了相关文化产品，又凭借大型节庆与会展的宣传平台提升了城市的旅游形象，促进了当地旅游经济的发展，因此，这种融合模式能切实推动文化与旅游产业的快速发展。

（三）延伸型融合

该模式顾名思义指的是将一个产业的发展方向延伸到另一个产业当中去，从而达到两个产业深度融合的目的。文旅产业的延伸型融合，是将文化产业的发展方向指向旅游产业，从而实现两个产业的融合发展，对旅游产业的发展起到良性的促进和推动作用，具体来讲就是将文化产业中极具代表性的特色产品与一些公园、旅游乐园等旅游景区进行主题关联，这样不仅使文化产业中的特色产品有了展示的载体，还能让旅游产业中的公园、旅游乐园等旅游景点有丰富的文化内涵。迪士尼乐园正是该模式最典型的例子之一，迪士尼乐园利用先进的技术，将许多动画角色真实再现，给人以奇幻迷人的感官体验，这些动画角色、动漫角色是文化产业中的内容，而这个乐园是旅游产业中的内容，将动画角色、动漫角色应用到乐园中，使得乐园有了更强的吸引力，乐园的经济效益也因此得到大幅提升。

二、文化和旅游产业融合发展的原则

（一）真实性原则

真实性原则是文旅融合理念进一步发展要遵循的首要原则，文旅融合的发展要在真实性的大原则下进行，即保持旅游资源本来的、真实的面貌，不得因为任何原因破坏其本质。众所周知，旅游产品既可以是名胜古迹，也可以是人类社会后天创造出来的实物景观或仿古造型。无论哪一种，满足消费者的需求是衡量旅游产品价值的重要指标。但在文旅融合的过程中，保持历史风貌建筑、古代雕塑、壁画等各类具有历史人文价值的旅游资源的真实性则是第一要务，切不可为了商业利益或者其他原因而改变其原貌，适度的修缮当然是允许的。所以，文旅融合是一种理念、是一种认知，绝不是对旅游资源原貌的改变。真实性原则同时也是世界各国所公认的认定、甄选、保护文化遗产的首要原则。

（二）完整性原则

很多旅游景观或者景区因其自身独特的发展历史可被称为文化遗产，有着浓厚的历史特色。文化遗产和自然遗产相比较而言，最有特色的地方在于文化遗产产生于特定的地域，是特定时期的文化产物。因此，保持文化遗产完整性是首要任务。

完整性主要包括两个方面，即结构的完整和系统的完整，结构的完整指文化遗产的内外部结构的完整，这是最直观的外在体验。系统的完整是指文化遗产不是孤立存在的，而是存在于社会环境、自然环境之中，和周围的一切事物都共存共生的。例如，天津市五大道历史街区就是存在于五条道路之中，隐藏于道路之中的样楼、西式建筑、名人故居、地标式建筑等人文景观和这五条道路和谐共生，共同组成了一套文化系统，有着独特的文化符号，这也是完整性的体现。

（三）独特性原则

很多旅游景点既是旅游产品又是文化遗产，作为不同历史时期的遗留物，文化遗产反映着时代的变迁和历史的兴衰，同时也融入了不断变化的时代特征和价值元素，但始终不变的是专属其自身的历史痕迹和文化符号。每一处文化遗产都是人类对于历史的另一种记录，只是通过不同的景观特征表现出来。在做文旅开发事业的过程中，要注意保持旅游景观的独特性和专属性，要尊重历史、尊重前人对于历史的记录，要承认不同时期所留下的痕迹，不能随意去改变、破坏，要保持文化遗产的独特性。

三、文化和旅游产业融合发展的路径

（一）资源融合路径

基于资源的融合路径主要是指两大产业在融合过程中，所利用的资源要素在一定程度上具有重叠性，在其产业分工链条上具有主动融合的趋势。一方面是基于文化优势，实现文化资源与旅游资源的直接融合或彼此转化；另一方面，通过相关链条的创新组合与开发利用，形成新的资源并应用到文化旅游产品与服务的价值链环节中，实现产品类型的丰富。

（二）技术融合路径

该路径主要有两种方式，一种是两大产业之间的彼此渗透融合，另一种则是借助在其他产业中应用且取得良好产业效果的具有比较优势的科学技术因素，将其应用到文化和旅游产业的生产流程中。运用技术手段构建产业间的联系，拓展两大产业的生存与发展空间，尤其是在突破文化产业或旅游产业中固有的对发展有所限制的产业特性方面存在着重要意义。其中数字化信息技术在两大产业的融合中占据重要地位。

（三）产品融合路径

文化产品一般是具有知识产权的文化创造商品或服务，并且通过对知识产权的开发运用可以产生高附加值，带来经济效益；旅游产品是为了满足游客的物质和精神需求而生产出的商品和服务的总和。由此可见，两者在一定程度上都具有文化功能，都可以满足人们对精神生活的需求。同时，两者共同的文化资源要素对在产品层面进行融合具有重要的作用。

（四）业务融合路径

业务融合路径最终的实施主体是企业，而资源、技术、产品和市场的融合都是由企业来执行。文化产业与旅游产业融合的直观结果就是产生大量延伸企业或行业。而当两个产业或者企业在经营方面出现多种相似内容时，这就表明两者的产业边界发生了模糊，业务边界开始逐渐实现融合。这种融合会产生文化会展业、动漫业、数字娱乐业等新业态。

（五）市场融合路径

市场化进程使得企业从市场出发再回到市场，在此过程中通过资源、技术以及产品和业务的渗透延伸形成融合发展的业态是市场融合的主要力量。该路径是在强大驱动力的市场需求下，文化产业或旅游产业内部各个企业之间存在共同的潜在市场，通过并购或合作等融合形式实现双方的共同利益。当两大产业试图开拓新市场但却不得不涉及对方产业领域时，在双向驱动力的作用下，文化企业与旅游企业之间便会发现融合的价值点所在。

第三节 国内外文化和旅游产业融合发展的经验

一、国内文化和旅游产业融合发展经验

（一）浙江唐诗之路文旅融合的实践

中国的山水诗，形成于东晋时期并于唐代逐渐兴盛壮大。浙江地区素有"水乡泽国"之称，自古以来就是我国东南地区的旅游胜地。传统的交通运输工具是南方舟楫、北方马车。《淮南子·齐俗训》中就有"胡人便于马，越人便于舟"的记载。正因为古代南方出行多依靠舟楫，所以河边江边多是文人骚客诗兴大发之地，可以说，船这种交通工具和乘船出行这种交通方式造就了浙江"唐诗之路"的兴起。

唐诗之路这个名词可谓是一语双关，它的表层含义为地理上从钱塘江开始，经绍兴、上虞和曹娥江，经临海至宁波的具体的交通道路。而深层含义则是各朝代诗人以浙江山水和文化为载体，抒发的思想之路。唐诗之路成为继丝绸之路、茶马古道之后又一条文化古道。

浙江省对唐诗之路的建设从很早就开始进行了，1999年就曾邀请启功先生为浙东唐诗之路题诗，并留下了名句"一路山川谐雅韵，千岩万壑胜丝绸"。可见，浙江省对于打造这样一条诗路文化带是极具雄心，志在必得的。

但是，唐诗之路的建设并不是一帆风顺的，在打造唐诗文化并与当地旅游相结合的过程中，难以避免地出现了诸多问题，首先便是学术成果转化困难。截至2021年2月，关于唐诗之路的专业论文共有300多篇，其余报道、介绍等媒体性文章多达数千篇，并且可以预料到的是，随着唐诗之路整体申遗工作的展开，各种学术交流、论文征集也将持续升温，关于浙东唐诗之路的学术性研究规模将会继续扩大并诞生丰硕的科研成果，这无疑对浙江省历史和诗词文化研究带来莫大的好处。

但是，在普通百姓和游客的心中，唐诗之路这一概念却没有完全普及开来，对于沿线的文旅开发还停留在纸面。文化浙江建设不应该仅仅是文化科研成果的创新和展示，更应该是以文化促发展，使文化和旅游真正地融合在一起共同创造

经济和人文价值。唐诗之路沿途各地区文化统筹发展相对困难，浙东唐诗之路这一文化品牌的知名度和影响力远远不如其沿途景观。浙东唐诗之路覆盖面积十分广阔，其沿线有相当多的著名景区，如兰亭、西湖、天姥山、天台山等，这些风景名胜与在当地生活的居民共同形成了极具特色的文化，其中很多在国内家喻户晓，甚至享誉世界。但是，将这些文化整合的浙东唐诗之路这一概念却鲜为人知。

针对这两个犀利的问题，浙江省在多次实践中逐渐总结出经验和做法，总体上可以分为以下几方面。

1.营造诗路文化氛围

浙东唐诗之路沿线的文化基础较好，底蕴深厚且特色明显，文化属性主要体现在其是中国山水诗的发祥地、佛教中国化时期佛学的中心地、以天姥山为中心的道教中心地、以王羲之为代表的中国书法圣地、中国山水画的源头及士族文化的中心地。旅游商品属性一方面体现在自然景观中，主要为"五山五水"，五山即天台山、天姥山、会稽山、括苍山、四明山，五水即浙东运河、曹娥江、浦阳江、姚江、灵江，另一方面体现在人文景观中，如谢安故居、国清寺等。

可见，诗路沿线文化繁荣，有良好的发展潜力，为文旅的融合创造了绝好的条件。对于这种天然的优势，浙江省积极营造诗路文化氛围，提升地区整体文化接受度，以文促旅，在保证各地特色文化的独特性的前提下，提升诗路沿线整体的文化辐射范围，这代表诗路文化不仅要进行学术研讨，而且也要走进千家万户，不仅只影响浙东这个范围，而且也要惠及全省全国。在进行前沿文化研究的过程中，实现产学研相结合，唐诗之路的数字化激活了诗路沿途公共文化服务的活力，提高了公共文化服务的服务效能和服务质量。这样做的目的是提升浙东唐诗之路的整体文化底蕴，从而提升诗路在全国范围内的影响力和知名度。

2.逐渐形成诗路文化带

诗路文化带"一文含四带，十地耀百珠"，串联了浙江省文化精华之链、山水之链、全域发展之链，具有从古至今走向未来的重大意义，是诗画浙江大花园的标志性工程和文化浙江建设的"金名片"。唐诗之路的文旅融合是从古至今的，逐渐形成了浙东唐诗之路、大运河诗路、钱塘江诗路、瓯江山水诗路等文化脉络，并在各个地方形成了独具特色的文化。在建设诗路文旅的过程中，浙江省首先做的就是将这些文化关联起来，形成地理和人文两个链条，以点带面，从各个关键景区、关键城镇逐渐辐射至整个诗路的范围，得益于深度文旅融合的唐诗之路，就是佛道儒精神融合之路，书画诗文化积淀之旅，从而使这条唐诗之路不仅具有传播文化的功能，更要打造成一条经济之路、产业之路、发展之路。

总体来说，浙江省在打造唐诗之路这一文旅项目时实行文化上的高低配合，既着力打造头部文旅地标，又不忘基础文化建设，使诗路文化在脚踏实地的基础上能够与时俱进，创造出独具特色的文旅产品。在解决景点之间联动的问题上，诗路项目将文化作为纽带，串联起各个景区的特色。唐诗，是文化，古已有之；景观，是旅游资源，古已有之。将二者融合成旅游带，这一策划构想，给文旅融合提供了新的范例。

（二）浙江良渚遗址公园的典型经验

良渚遗址位于浙江省杭州市余杭区，是新石器晚期遗址，距今5300～4000年。多年来，浙江省政府及杭州市、余杭区政府对良渚遗址进行了一系列的开发和利用，良渚国家考古遗址公园已发展成为当地知名的文化旅游景点。

1.遗址公园建设稳步推进

国家文物局2003年提出"大遗址保护"理念时，杭州市积极响应，2003年启动良渚遗址博物馆方案设计，2004年启动建设，2008年10月运营开放，其间完成了遗址的周边环境整治工作。2010年启动遗址公园各项规划编制审批工作，目前已完成遗址公园第一期建设。作为遗址公园建设的先行者，大遗址保护良渚模式，被国家文物局多次通报表扬。

2.基础配套设施较为完善

当地政府通过创新机制与政策，努力突破制约要素，强长板补短板，极好地改善了制约发展的要素短板，累计筹措资金30多亿元，用于周边环境整治、区域内居民搬迁、道路改线、企业迁址关停等大遗址保护项目，大量资金的注入极大地提高了项目的建设速度。上有天堂，下有苏杭，杭州作为旅游城市，其旅游产业自古便名扬海内外。当地社会知名度、旅游形象、地理区位、旅游设施等方面，具有得天独厚的优势。

3.旅游发展理念日趋完善

政府全力发展大旅游思路，兜底博物院、良渚遗址公园、西湖公园等景区的日常运营及周边环境卫生维护等费用，景区不收门票，免费开放，主要目的就是以部分景区免费为吸引点，最大限度留住旅客，增加旅游相关产业收入，促进第三产业发展。

同时，创新大遗址保护补偿机制。对于利益相关群体，市、区两级财政每年安排上千万预算，对因遗址保护受损的相关个人及单位进行经济补偿。遗址保护补偿机制的实施增强了居民的获得感、幸福感，激发了相应群体保护遗址和支持遗址开发利用的主动性、参与性。

（三）成都"夜游锦江"夜经济的发展与数字技术的应用

锦江，是岷江流经成都市区的两条主要河流——府河、南河的合称，也称府南河，是成都的母亲河。在唐代大诗人杜甫笔下，成都是一座河网密布的江城，诗云："窗含西岭千秋雪，门泊东吴万里船。"在马可·波罗的游记中，成都让他想起了家乡威尼斯，他写道：水上船舶甚众，未闻未见者，必不信其有之也。可见，成都区域内水运发达，更有金马河、斜江河、杨柳河等流经境内，滋润了成都平原的土地，其中锦江最为人们所熟知。

但是，因为要担负农灌、防汛、排污等功能，锦江的水质和周围环境一直不好，成都本地更有人称锦江为臭水沟、腐烂河。出于改善环境、恢复生态的考虑，成都市决定对锦江进行改造，2018年市政府将锦江流域的水生态修复与绿道建设划定为生态环境实施建设的"一号工程"。同时，《天府绿道锦江绿轴规划》指出，应把锦江流域建设成为生机盎然的滨水宜居走廊，并建立投入与产出之间动态平衡的生态经济中心，融合成都的文化、商旅、居住等多种功能。改造后的锦江水质清澈，河道两边商圈繁华，已然成为成都市内文旅胜地。为了促进锦江沿岸夜经济发展，2019年4月25日晚夜游锦江项目正式进入试运营阶段。一开河，就有大批游客闻风而来，清澈的河面被游客的游船划开，伴随着两岸的光带，呈现出成都现代与古风相结合的倒影。

2021年春节期间，重新起航的夜游锦江成了全成都甚至全国的焦点。夜晚的锦江，在灯光摇曳里，末端的黄龙溪特有的烧火龙传统舞蹈，让起源于南宋的火龙第一次横跨锦江水面。岁岁春节烧火龙，烟花遍地乐融融，璀璨的火龙从锦江水面临时搭起的浮桥舞动出场，火树银花中，锦江水面呈现一场身在公园春暖花开的视觉盛宴，这是现代与古代的碰撞，更是文化与旅游的融合。

使锦江夜经济大放光彩的因素有很多。首先，沿江的锦江十二码头、大慈寺、九眼桥、成都博物馆、望江楼公园、成都人民公园等人文景区共同组成了锦江沿岸完整的文脉。泛舟其上能够深入了解成都这座城市的历史和文化，整个夜游锦江以锦江故事卷轴为主线，串联起都市休闲、东门集市、闹市禅修、锦官古城四大片区，打造出菩提灯光秀、曲艺坝坝茶、码头故事、文创夜市、合江亭帆船秀等主题场景。这样的景区规划不仅能突显沿江附近的文化连贯性，而且由锦江一以贯之，方便游客下船游览，有效地解决了陆地上几个景区交通不便带来的问题。其次，锦江沿线众多的商场、酒馆和咖啡厅等为游客提供了购物休闲的场所，这些商铺大多将门面设计成多功能的装置艺术，白天作为景观装置艺术，静态讲述锦江璀璨的文化，夜间结合影像与光彩变化，不仅能够提供照明的作用，而且十分吸睛，动态的灯光与静谧的江水遥相辉映，使锦江及其周边成为成都人夜生活不可或缺的一部分，也为外地游客在夜晚出游提供了好去处。

但是，在当今的网络时代，文旅项目要想获得成功除了自身文化突出，景点品质过硬，也要进行适当的宣传。夜游锦江的发展理念是"文旅+科技"，将沿江的夜餐、夜游、夜市等文旅项目串联起来，通过数字技术和媒体支持，向全国乃至全世界展现成都的独特魅力。其中，数字技术，尤其是5G技术，在夜游锦江项目的发展过程中起着至关重要的作用，在数字经济大背景下，数字化、智能化、信息化渗透到文旅产业的品牌塑造、宣传推广、营销管理、服务体验各个环节之中。尤其是在品牌塑造和宣传推广方面，数字技术更是比其他宣传手段更加灵活多变，且成本较少。锦江沿线的文旅企业通过与互联网公司进行合作，借助技术手段，实现大数据分析，找出行业痛点，明确消费者需求，在互联网上塑造出独特的品牌形象。随后，媒体及网络公司通过媒体平台将这些品牌进行包装和宣传，使景区口碑发酵。在项目的运营过程中，数字化的运营也不同于传统模式，以数字化和信息化的手段提升企业内部运营效率。可以说，夜游锦江项目借助科技手段，将文旅与科技相融合，真正实现了数字文旅。数字文旅作为现今我国文化建设基础性工程之一，是文化旅游发展的产业动能，有十分重要的意义。

成都通过治理锦江水域，使锦江真正地成了连通当地文化的纽带，打造了独特的夜文化文旅经济圈，不仅向外传播了天府之国的传统文化，而且也吸引了众多游客，为当地经济的提升做出了莫大贡献。夜游锦江创新地实现了5G网络全覆盖，使用了"5G+8K"远程直播视频、"5G+无人机"实时巡查等高新技术，是"文旅+科技"成功运用的案例，通过不断地提升本地文旅质量，加之数字技术的辅助宣传，将锦江及其周边打造成了网红"打卡"胜地，成都也成了名副其实的"网红城"。

（四）陕北郭家沟村品牌形象系统构建

1.陕北绥德县郭家沟村概述

郭家沟村位于陕西省榆林市绥德县城东边17公里处的满堂川镇，交通便利，区位优势明显。2014年被命名为省级扶贫旅游开发重点村，同年被住房和城乡建设部等部门列入中国传统村落名录。2020年，入选第二批全国乡村旅游重点村名单。

据了解，郭家沟村始建于清朝嘉庆年间，走进郭家沟村，该村古村落建筑环境保护较为完整，最有名的就是古窑洞村落群，层次复杂，拾级而上，连接院与院的是石头小路，布局合理，生活便利。村前的水路从东向西，有高有低，曲折蜿蜒，很难发现河流的尽头，这在陕北地区也是很少见的。整个村落坐东向西，整体规格方正，占地面积42万平方米。

该村古村落建筑群共有院落53院，各类规格石窑洞186孔，古大门石木结构有18座，以及多棵古枣树和老槐树等树种，石磨、石碾、石槽等原始生活器具还保留着当初印记，建筑风格彰显悠久的陕北乡村形态，具有古香古色的韵味。

自1984年至今，已是20多部影视作品拍摄地，其中知名电视剧《平凡的世界》剧组之所以选择这里作为拍摄地，其瞄准点正是古村落的建筑文化、民俗文化以及当地的风俗民情。大力搞好旅游产业并带动相关的产业发展，对于绥德县郭家沟村是不错的选择。

郭家沟村还是多所大学挂名的美术写生基地，每年都会有大批艺术院校的学生和教师在此写生。村里院落密集、古朴、多样、立体，并与自然完美融合，陕北风味浓厚，可以加强与全国尤其是陕西及周边省份的高校合作，打造并推广具有陕北特色的郭家沟写生基地品牌形象。

2.郭家沟村品牌视觉形象

①基础识别部分现状

郭家沟村无论是入口处还是村中的道路上，都没有任何郭家沟村的标志和标准色，村中各个地点出现的名称、标语、字体都没有规范性，视觉元素单一，不仅如此，村民对品牌形象认知度低，村民参与度不足，使得视觉识别部分停留在功能不完善的状态。

②应用识别部分现状

导视系统不完善。在郭家沟村调研时发现一些路段可以见到一些临时性的导向牌，数量较少，破坏严重，并且指示方向模糊，定位不准确。不仅如此每个景点都有商家独立制作的导视牌，反而导致导视功能混乱。综上，无论是村子还是前往景区的道路，都缺乏导视系统，品牌视觉形象不统一。

缺少对外宣传。郭家沟村对外宣传很少，对于广告牌的利用处于最初级的信息表达，没有美感和设计。对文化的挖掘很难用来当作景区旅游的宣传资料。通过实地考察，郭家沟村内目前只在村口设有一处村口公共景观，可以引导游客。但是由于在郭家沟村附近均没有使用其他方式丰富宣传载体，因此乡村影响力较小。当前的游客源大部分来自周边地区和常年联系的写生团体。

3.郭家沟村品牌形象定位

①认知乡村资源属性

郭家沟村的旅游属性是古村落类旅游景区，至今保留着经典陕北乡村形象。旅游资源主要包括村落建筑窑洞、居民生活环境、石磨、石槽等，体现出陕北黄土高原的淳朴民情，具有极高的历史、艺术价值。

②挖掘游客心理需求

通过问卷调查和实地调研，到郭家沟村旅游的游客主要是为了体验乡村生活、参观民俗风情，大多数游客对古民居建筑了解较少，但参观兴趣较大，总体来看就是以欣赏古村落美景和感受古老的民俗文化为主。且郭家沟村处于城郊，出游路程较短，人均消费较低，对于旅游时间较少的人群来说，文化资源丰富的乡村游是更容易实现的旅行。

③树立一村一品文化

郭家沟村是明清时期遗留下来的古村落建筑群，是难得的旅游资源，并且郭家沟村保持了传统生活的内容和氛围，通过自然和人文景观所表现出的文化魅力，具备古村落物质和精神文化双重体现，是历史文化的活见证，带有鲜明的旅游资源特征，与周边乡村比较旅游资源更加丰富。

4.郭家沟村旅游品牌形象设计方案

①基础要素设计

标志设计理念。郭家沟村标志设计主体由图形和字体构成。其中，图形以窑洞四合院为主展开设计，象征着郭家沟村悠久的历史、原始的地域特征，以及将窑洞造型叠加，还原当地高低起伏和黄土高原层峦叠嶂的地理特征，还能呈现出可变化延伸的视觉符号。标志色彩以黑色和黄色组成，象征着黄土高原的顽强生命力和陕北人民淳朴、热情的性格以及充满希望、温暖的寓意，同时也体现当地环境的特点。字体以毛笔书法字体为基础展开设计，视觉上富有张力，厚重中带有历史感，标志整体力求突出郭家沟村历史悠久的特点、原生态的含义。

标志标准制作图。标志应用范围广泛，大到户外广告，小到名片的应用，所以在使用中要考虑标志的适应性和复制比例。有了标准制图，在后期的制作中，就算对象、材料、制作者不同，只要按照规范比例关系，也能达到标准化的识别目的。

标志与字体标准组合规范。郭家沟村标志与标志字体的标准组合有横式、竖式两种组合方式。横式组合时，图形位置应在标准字左侧；竖式组合时，图形应宽于标准字。组合规范的明确构成了郭家沟村品牌印记，使之成为体系化的设计步骤。在后期使用制作时应严格按照正确位置和尺寸关系，保障品牌标志的识别性，确保品牌形象对外宣传时的一致性。

标准色与辅助色规范。郭家沟村的标准色是专门依据地域特色和品牌理念所提炼的特定色彩。作为品牌形象的组成之一，具有情感倾向，能够增强品牌传播和识别功能。郭家沟村的标志色彩有两种，分别是蒲公英色和黑色。蒲公英色与黄土高原自然环境接近，表现出一种黄土情怀，具有希望温暖的含义。黑色，在中国古代寓意北方，具有高贵沉稳的意象。辅助色的应用能够增加郭家沟村标志的识别度和应用范围，可以选择丰富的颜色增强应用场景的个性化。

吉祥物设计。吉祥物是品牌活动中能够和消费者、游客建立沟通互动关系的亲善大使，在品牌竞争中友好的吉祥物形象，也可以突出品牌属性和文化外延，增加无形资产的价值。郭家沟村吉祥物的设计灵感来源于陕北黄牛，运用卡通化和拟人化的手法塑造可爱的外形，将陕北民族精神融入其中，它的性格活泼，积极向上，适合各年龄层的游客，并在传统服饰上选用红色的唐装，表达了对陕北乡村蓬勃发展的祝愿。

插画设计。插画设计是重要的文化符号，具有较强的表现力，应用范围广。郭家沟村插画设计以当地的地貌和风景环境为元素，利用手绘的表现方式，体现一种沟壑纵横、层层叠叠的黄土地景象，又加入郭家沟村的窑洞和石桥，增添了当地文化识别度。

②应用部分设计

导视设计。郭家沟村不仅以民俗文化为特色，也以黄土高原地形地貌和自然环境为重要的设计元素。郭家沟村内窑洞建筑层峦叠嶂，墙体以石砖砌成，颇有原始乡村的氛围和魅力，因此，在导视形态上以选用窑洞造型和窑洞传统窗框的概念整合到形态设计中。导视形态设计中将公共座椅、方向指示牌、拍照留念墙巧妙组合，解决了村内公共休息座椅缺少的问题，还可以当成一个户外雕塑进行展示，美化乡村基础设施建设。在导视材料选择上，为了更好融入乡村环境，选用仿木材料和黄铜。

农产品包装设计。在郭家沟村农产品包装设计中，原生态、环保的理念是乡村在绿色可持续发展理念下对包装设计的追求目标。

明信片设计。明信片是一种不通过信封就可以邮寄的卡片，封面图像可以是摄影、绘画、设计等内容，是可以被广大游客接受的通信方式，能够展示出乡村旅游品牌形象、理念，游客也可以更加方便地寄托旅游情愫。郭家沟村明信片设计，沿用陕北人民劳作的生活场景手绘图和陕北方言，展现陕北地域特色和民俗文化。

5.品牌形象推广

①户外广告设计

户外广告是能够在前往旅游目的地的道路旁和乡村广场、建筑外表面等户外公共场所制作的广告牌等，能够面向所有的受众传播品牌形象。户外广告展示效果明显，应用地方多、视觉表现力强，是乡村旅游形象推广的重要手段之一。郭家沟村户外广告设计利用了标志的延展性，结合窑洞外形和窗花，展现黄土高原的雄伟壮丽和质朴民风，向游客传达出陕北乡村旅游人文特色的浓郁和与众不同的旅游体验。

②小程序系统

近年来，以"两微一端"为代表的互联网新媒体在文化产业的数字化传播领域内持续发力，推动了各类社交平台智能小程序的大力发展，使其迅速成为乡村旅游文化资源探索如何发展、创新自身数字化构建的新途径，但同时也给乡村的保护、推广及传承带来全新的机遇与挑战。

郭家沟村乡村旅游小程序主要针对乡村住户和游客等受众群体，力图打造成集探索、游览、购物功能于一体的微信小程序。通过创新合作、科技融合和场景适配，用户通过一部手机就可以近距离领略郭家沟村艺术的风采，使游客在互动体验中直观、清晰地欣赏陕北风俗民情。

作为新媒体中典型的科技赋能型平台，郭家沟村微信小程序运用技术手段将特定的内容生产物从旅游信息的洪流中剥离出，进而实现特定的传播效果。例如，游客在小程序参观线上场景时，可以将感兴趣的地方标记为"想去"，后台会精准投放有关标记的典故和场景图片，对用户进行科普宣讲，在将来实地参观过程中用户会去着重了解标记过的地方进行，补足了用户线下游览的体验痛点。

利用微信小程序插件化模式，构建了今日有话、村落保护等文化创意板块，使游客可以即时分享旅游动态、发表感悟，形成旅游文化社群传播。

同时，还整合了碎片化的景区导览服务，提供景区游览线上线下一体化的创新服务。游客在线下游览时打开程序，定位系统会快速确定当前位置，通过热点推介制定适合自己的深度游体验参观路线，还可以选择自助导览服务，查询周边公共设施和文创销售信息，此外，在导览页面提供预约购票和预约手工艺服务，为陕北乡村游游客提供全方位的线下智能服务，进一步提高用户游览体验的满意度。

二、国外文化和旅游产业融合发展的经验

（一）韩国

1998年，韩国提出"文化立国"的方针，先后出台各项扶持文化产业发展的政策法规。自21世纪初，以韩国大众流行文化为代表的"韩流"文化席卷中国文化娱乐市场，其主打产品为游戏、电视剧、电影，不仅为韩国赚取大量外汇，也提升了韩国的国家形象。韩国成为将民族文化产业与旅游产业融合发展的典范。

韩国成立专门负责文化产业管理的机构，即韩国文化观光部和若干个文化产业振兴机构，大力发展文化旅游产业，积极开发新的旅游项目、新的线路，以迎合更多的国内外游客的需求，比如，韩国对华签证逐步开放，大量中国游客涌入韩国旅游。

将文化资产转化为创意产业，带动旅游产业的健康快速发展。韩国设立国家文化产业研究生院，注重高质量培训文化产业人才，加强对文化产品的综合开发，尤其是在音乐、游戏、影视、漫画出版等领域，在市场上取得巨大的成功。只需要少量的费用将文化资产转化为创意产业，即可创造出高效益的附加值产业，促进旅游产业的发展，是韩国文化与旅游产业融合发展的成功做法之一。

（二）欧洲

欧洲国家的文化产业与旅游产业非常发达，而且很有特色，成为文化产业与旅游产业融合发展、规模化经营、产业化发展、良性化运行的成功典范。欧洲国家比较多，文化特色、风格各异。

欧洲文化产业与旅游产业融合发展一般有以下几大类。

一是自然风光旅游，包括日内瓦冰湖、塞纳河、莱茵河、阿尔卑斯山、因斯布鲁克滑雪场等。

二是乡村民风体验和民俗旅游，包括荷兰风车村、奶酪加工厂、大西洋帆板运动场、海滩游泳场、钻石加工厂、水坝广场、巴黎画家广场等民俗旅游。

三是历史文化旅游，包括古罗马斗兽场、海神广场、威尼斯广场、大使堡、许愿泉、大使桥、法国巴黎凯旋门、佛罗伦萨老城、米开朗琪罗广场、大卫雕塑等。

四是名人故居旅游，包括卡尔·马克思故居、莫扎特故居、歌德故居等。

五是宫殿、博物馆等古建筑旅游，包括卢浮宫、凡尔赛宫、阿姆斯特丹王宫、海牙王宫、海牙国际法庭、巴黎城市下水道博物馆等。在这些地方，游客可以亲身体验欧洲国家悠久的历史文化，可以参观欧洲国家古老的建筑、城市公共设施以及历代帝王宫殿和名人生活遗址等。

第六章　文化和旅游产业IP资源的开发

对IP进行开发运营，可以吸引IP原有粉丝并扩大粉丝群，推动产业化升级转型。旅游与IP的结合，是以IP为内容、旅游为表现形式的方式，更深层次地带动旅游业的长远发展。本章分为IP的内涵与特征、国内外旅游IP的发展实践、文化和旅游产业IP资源的开发路径、文化和旅游产业IP的发展展望四部分。主要内容包括旅游IP概念界定、文化IP的定义及作用、国内旅游IP的发展实践、国外旅游IP的发展实践等方面。

第一节　IP的内涵与特征

一、旅游IP概念界定

在旅游业还没有明确提出旅游IP之前，就有自制网剧配合景区宣传从而引发躁动的事例，随即出现了"网剧IP+旅游景点"的运营模式。

（一）IP的内涵与外延

2012年知识产权（Intellectual Property）的法律概念活跃起来。知识产权是民事主体对于智力成果的权利，在我国，对知识产权的保护通过《中华人民共和国合同法》《中华人民共和国著作权法》《中华人民共和国商标法》和《中华人民共和国专利法》构成的法律体系来执行。

在产业消费升级、产品内涵不断丰富和提升的背景下，知识产权要得到市场认同就需要文化资源的创意转化，要具备差异化的内容特征，这导致其生产方式与表现形态发生了深刻变化。IP一词在知识产权概念的背景下被赋予了更加活泼、发散、多元的意义：作为一种可视化的具象符号，借助影视、商品等工具成为可复制并产生经济效益的文化产业，泛指获群体喜爱和支持，具有品牌效应和多元商业价值的智力产品，使用范围涵盖文化、教育、科研、旅游等各个领域。

当今背景下的IP不是指文化本身，它连接着内容、产品和消费者，是一种以特定文化为核心，承载着一定价值观，具有较强个性、独特性、故事性、延伸性与商业变现性的创造性文化智力活动。某种意义上来说，IP是一种有着文化输出功能的形象体系。

（二）旅游IP产生背景

中国旅游行业最早的一个IP可以追溯到1980年上海电影制片厂出品的《庐山恋》，该片自播出以来，许多游客奔赴庐山只为邂逅曲折优美的爱情故事，"游庐山+看《庐山恋》"也成了该地一个固定旅游项目。旅游业已经进入IP时代。旅游IP产生的背景如下。

1.互联网时代的来临

传统的工业化时代，旅游景区、旅游线路、旅游商品与服务等旅游产品为物质载体，由旅游厂商进行组织生产。然而互联网的到来与全面覆盖，使信息具有即时性、交互性。在互联网条件下的旅游业态，本质上是旅游业借助互联网平台的价值创造功能，打开景点宣传、产业边界，引发了网红式旅游景点、虚拟旅游体验、跨产业旅游业态等新型旅游形态的崛起，旅游知识产权的内容形态发生了转变。

2.经济全球化的发展

经济全球化的形成依靠展品、产业和技术的同质化，更依靠商品（物质和非物质的产品、服务、形象、经验）消费同质模式，但同时，经济全球化也认可多样性，使它超越原有的地理界限。因而，各民族都面临着文化自信、文化认同和文化自觉的问题。

为使本土文化搭载互联网的快车进入新内容时代，文化IP应运而生。而IP的穿透力和融合度，辐射到了文旅产业，也可以说是促成了旅游IP的形成。

3.文旅融合强势推进

在我国文旅融合的强势推进下，旅游市场开始转变，旅游产业面临升级。产业融合、全域旅游、乡村旅游、乡村振兴、美丽乡村、休闲度假、特色小镇、田园综合体举着优质旅游的大旗呼啸而来。而文旅融合创新发展应助推供给侧结构改革，带动消费升级，连接两端的就是旅游IP。

4.大众旅游时代的到来

当今社会已进入既要美丽风景，又要美好生活的大众旅游时代，现代旅游模式已转变为以游客为中心的休闲度假模式。有数据显示，自国家2016年提出发展特色小镇以来，特色小镇在各处拔地而起，最终却高起低落，终始参差。究其原因，很多特色小镇在建设过程中，忽略了精神和文脉的延续，冷冰冰的钢筋水泥、公寓酒店、人造盆景等导致审美疲劳。在2020年疫情来袭后，云旅游重启了旅游市场，直播带货、云上赏景成为消费新亮点，催生了文旅新业态新模式。后疫情时代，新技术、新内容、新场景等正不断满足新的消费需求，文旅企业正努力开始数字化转型升级的探索之路，IP正是连接产业资源、开展跨界融合、延展消费边界、助推文旅融合数字化、推动旅游价值提升的主要抓手。

（三）旅游IP概念界定

1.旅游IP的定义

根据IP的定义延伸，旅游IP狭义上的定义为可作为旅游资源进行开发、呈现、传播、再创造（规划、建设、运营）的具有影响力的知识产权；广义的定义则是IP产业链的一环，是景区形象的认知物，可以是内容、产品、文化、故事等能够吸引游客的元素，达到为旅游地带来游客流量，提炼旅游品牌、形象，实现价值变现的目的。

由此得出，旅游IP是指基于旅游资源或旅游地域的独特性，活化文化资源，以地域文化为核心，具有标志性、唯一性、强识别的特征和可延伸、可变现、可聚集流量的功能，将旅游地资源统合呈现的特定符号。

对旅游景点视觉形象领域来说，旅游IP视角下其开发和塑造则可以被理解为对于旅游资源的深度挖掘、呈现和打造的技术手段，包括开发独立知识产权的旅游品牌、旅游产品、旅游项目、旅游形象等，最终整合呈现给消费者。

2.旅游IP的特点

旅游IP已经不再局限于知识产权的法律含义，而是随着IP发展不断丰富和泛化，并出现了由名词形态向动词形态衍化的趋势，一个完整的旅游IP需以旅游景点地域文化为核心，承载着一定价值观，以特定的形象呈现，具有强识别性、故事性、延伸性与商业变现性。

①地域文化

每个旅游景点都是有灵魂和记忆的生命体，地域文化在全球化、信息化时代能转化为竞争优势，也是承载人文景观、历史脉络、文化内涵的特定文化符号。通过创造性地进行地域文化增值经营，以最能表现该地域内涵和传神魅力的文化作为核心，在有限资源的条件下，不断地积聚与拓展该地区有效的文化信息，充分利用各种文化载体和多种媒体手段对其加以呈现，是对地域文化资本的增值性运营，也可以说是打造旅游IP的核心。

②特定的形象

特定的形象也就是一种主题的表达，是价值观或者说是旅游IP的表达与传播的出口、载体，也是IP与消费者沟通的主要通道。需要根据历史、文化打造具象化的特色视觉符号，即确定旅游主题，通过提取旅游IP元素的方式呈现。这种视觉符号可以与不同供应链上的产品结合起来，形成游客对旅游目的地形象感知与评价的物化载体。

③强识别性

识别性是包含创造性、独占性、排他性以及地域性的概念，也正是知识产权概念的体现。例如，七彩云南、哈尔滨冰雕、青岛啤酒这些带有地域景区名称的词语在被提及时，知晓度高。

当今旅游行业已经从传统的单一旅游服务向多元化模式转变，但对成功案例的过分借鉴导致各旅游景区之间同质化严重。具有景区强识别性的视觉符号，生动富有内涵，能够吸引消费者的关注，强化消费者对旅游景区整体形象的感知。

④故事性

从传播学的角度看，鲜明的主题、个性化的人物、丰富且有冲突的情节、感同身受的细节缺一不可，这些要素的主要目的就是形成一种引发共情、有代入感的文化记忆，也可以认为是一种故事记忆。美国认知科学家罗杰·C.享克提出，人生来就理解故事，而不是逻辑。消费者与产品建立的关系，更多是基于自身的主观情感，而非对商品客观特性的对比。IP的故事性是理解、塑造和传播IP价值观的核心，其一是以旅游目的地核心元素凝聚成某一特定主题或标签，形成代名词，如湖北荆门天空之门具有强化记忆、关联情感的主题。其二是利用已有元素整合为饱满的故事引起游客的共鸣，制造爆点，形成流量吸引源，激发行动。

⑤延伸性

旅游是一种溢出型的商业模式，旅游IP的延伸性重点在于整合资源，从本质内容衍生创造新的形式，打造更多产品，使其内容适用于不同的载体、媒介（如纪念品、特产、文创、旅游企业品牌）上，从而建立更多情感链接来扩容受众，达到将资源转化为资本的目的。旅游IP内容的可持续性功能有利于带动旅游产业的长期发展。

⑥商业变现性

在商业意义上，IP是受法律保护的知识产权，可以从文化资本转化为经济资本。因而辨别IP的关键一点还应看其是否具有商业变现性。即由IP本质内容衍生创造新的形式从而反哺原IP，以及在产品打造过程中附加值的增加，将资源转化为资本。从某种意义上来说，打造旅游IP就是强化该地旅游品牌，为其注入创造性的、可持续的活力，吸引更多受众，由此提升旅游商品的经济效益。

二、文化IP的定义及类型

（一）文化IP的定义

IP本意为专利权，文化IP是一种文化和产品之间的连接及融合，是有着高辨识度、自带流量、强变现穿透能力及长变现周期的文化符号，能够引起广大消费者的关注。现今，各个单位及部门都在极力打造自己的文化IP，让文化产品有魅力、有内涵。当下文化IP的概念，主要指具有较大影响力的文化产品或文化形象。

（二）文化IP的类型

1.影视IP赋能旅游文创产品

在国内，将影视IP与旅游文创产品融合的方式已经形成了较为成熟的链条。影视基地已成为大众旅游的热门打卡地，带动了影视旅游业的发展。针对影视IP旅游文创产品的开发，应以提高游客体验度、传递价值观为出发点，让游客真切地体验影视传递的价值观念所产生的精神共鸣。

2.综艺IP赋能旅游文创产品

综艺节目展示了拍摄地的自然景观与人文风情，给观众带来了强烈的视觉冲击与精神体验。一些综艺节目的持续热播，给取景地带来了显著的旅游效应。但是，大多数综艺节目重娱乐而轻文化，导致综艺节目难以成为经典IP。

3.名人IP赋能旅游文创产品

这里所谓的名人是指那些被人们所熟知并具备一定影响力的人物。但并不是所有名人都可作为IP来开发，背后要有支撑其存在的文化元素、故事内容。中华民族历史源远流长，名人数不胜数，要把名人IP与旅游文创产品相结合来开发，挖掘背后的文化元素，讲好中国故事，传递中国文化。

4.红色IP赋能旅游文创产品

红色IP是以红色文化价值为核心来传递红色精神和红色文化，将红色IP赋予旅游文创产品是实现其价值转换的有效途径。在红色旅游文创产品开发方面，确实存在一些问题，主要是对产品的打造难以抓住"红色"这一基本元素，停留在传统旅游纪念品的开发上，缺乏创新与创意，难以取得消费者认同。因此，红色旅游文创产品开发应注重塑造红色IP，凸显红色文化精髓，将红色文化与现代流行元素相结合，打造出符合红色旅游的差异化产品。

（三）文化IP的价值演进

1.文化IP引领消费新模式

消费者的消费观由传统的量入为出、注重实用，发展为更关注精神层次的个性化与多样化。随着数字技术日益成熟，大数据、人工智能、云计算等数字技术使新文创时代文化IP的表现内容与形式呈现出多元化、多层次的特点，不断满足并创造大众个性化消费需求。不断推动线上、线下文化消费的双向互动与融合共生，形成更大范围、更立体的文化推广，促进整个文化IP产业在商业化、产业化、场景化、生活化等方面的消费升级。

例如，基于互联网和数字化技术的新兴云端文化新业态，使各互联网视频平台纷纷联合线下文化机构推出云演出、云展览、云直播等新型文化消费服务场景，包括博物馆、美术馆、大剧院、图书馆等公益文化场所，通过数字化平台突破时间、空间、形态的局限，开启消费新模式。

2.文化IP重塑商业开发新模式

新文创以文化内核支撑产业链，通过更广泛的主体连接，打通相关产业之间的壁垒，以"文化+产业"的全新生产方式重构文化IP商业开发模式，打造文化IP商业价值新形态。新文创的出现使文化产业开始重新界定旧有的商业模式，使传统产业借助社群、数字化平台、多元场景融合以及跨界联合等商业模式对文化元素重新整合、策划、包装，通过创意设计提高IP的文化辨识度和市场认同度，从而推动经济增长，激发消费活力。

以实体书店这一产业为例，我国实体书店的市场规模呈现负增长，溯其原因主要是实体书店的传统经营模式与固有的物理空间不适应数字化产品与服务的发展趋势，并且其公共文化服务职能基本丧失。在大部分线下书店集体呈现颓势的局面下，"言几又"这一文化IP品牌，却将传统书店衍生成一个生活方式的互动体验店，再到全域文化空间。通过多元场景营造充满文化韵味与温情的场景模式，为人与物建造了情感链接，向消费者传达了一种人文理念与情感体验。真正意义上完成了书店到全域文化空间的转变，并将自身成功塑造成超级文化IP。新文创时代通过文化与产业互相赋能，以此创造出具有文化与经济双重效应的商业发展新模式。

3.文化IP赋能科技创造社会新价值

新文创旨在不断打造具有影响力的中国传统文化符号，通过倡导文化与科技的融合创新，文化价值与产业价值相互赋能来引导社会价值观走向，创造社会新价值。人工智能技术、虚拟现实技术以及数字化技术的出现打破了传统文化IP与新兴文化IP之间的技术壁垒，从而加速了文化IP产业的数字化进程，拓展了全方位的增值渠道，缓解和改变了诸多传统文化IP面临创新难、保护传承难、无法适应当下的社会文化环境等困境。

例如，2018年，腾讯公司与敦煌研究院合作的数字文保解决方案和数字供养人计划，运用现代数字科技保护敦煌壁画，提高壁画修复、还原效率。2020年，腾讯公司与敦煌合作出品的敦煌动画剧，用新技术重塑文化遗产的保护与展示方式。此外，新文创通过赋能科技打造地域城市文化IP，拉动城市文化产业发展，塑造社会新价值。

再例如，广州羊城新八景之一的科城锦绣通过多元产业融合，打造集科技、生活美学、文化印象等情景体验于一体的生活空间，创新展现城市精神和文化意象；西安大唐不夜城、苏州姑苏八点半以及成都三城三都通过诸如数字虚拟影像、声光电等"文化+科技"的融合发展模式促使城市文化内容突破历史维度与空间场域限制，进而符合年轻人的审美需求。可见，应重塑不同城市独有的文化IP品牌形象，带动地域文化旅游产业多元化可持续发展。

第二节　国内外旅游IP的发展实践

一、国内旅游IP的发展实践

（一）IP+特色小镇——以崇礼滑雪特色小镇为例

构建崇礼滑雪特色小镇IP是保障小镇可持续发展的重要途径，也是崇礼产城融合的体现。崇礼滑雪特色小镇本质是体育特色小镇，必然是以体育特色作为发展核心。雪上项目是小镇最为突出的特色和优势，丰富的雪上项目赛事资源是IP构建的重点要素。在冬季雪上项目的带动和驱动下，崇礼还衍生出了各类夏季休闲户外项目，逐步发展全季全域性旅游产业。

1.雪上项目赛事IP

①奥运会举办地

赛事品牌IP可谓是体育赛事价值链上最重要的一环。奥运会是最具针对性和影响力的大型国际赛事活动，除了为举办地带来直接的经济效益外，还有当地知名度的提升、政府在资金和政策上的扶持，以及当地基础设施的不断完善和居民素质不断提升等间接长期效益。在崇礼滑雪特色小镇的IP构建中，奥运会所带来的高IP价值将为崇礼打造无与伦比的影响力，是崇礼最为突出和重要的城市品牌。作为2022年冬奥会雪上项目的主要赛区，崇礼承担2个大项、6个分项、50个小项的比赛。紧抓冬奥机遇，充分发挥强力的奥运天然广告效应，是落实崇礼体育强国战略、促进全民健身、树立奥运之城形象的重要时机，也是实现产业城市一体化发展的重要路径。

②高级别赛事

每年举办的中国·崇礼国际滑雪节作为河北省重大节庆活动之一，从2001年开始至今，全方位地推动崇礼滑雪运动在大众中的普及以及冬季雪上项目旅游的迅速发展。从2005年起每届滑雪节都举办、承办几十项国际高级别赛事和国内重大赛事与活动。除此之外，同样具有代表性的大型冰雪季系列活动——"大好河山·激情张家口"也已举办到了第四届。该活动不仅积极举办大众冰雪赛事，而且还促进了国际国内冰雪文化交流，包括冰雪相关知识技术论坛与培训、冰雪会展等。在上个雪季，还引进了国际铁人三项联盟国际冬季铁人三项赛等专业冬季项目赛事，并打造了张家口市和河北省体育局联合主办的PSA亚洲单板职业联赛，这是张家口第一个本土国际赛事，被纳入央视网"前进中国"赛事序列。

崇礼举办的专业赛事多为国际和国内高级别滑雪赛事，有周期性，赛事服务和管理水平也较为严格，参赛运动员水平较高。但由于我国仍是全球最大的初级滑雪市场，一次性体验滑雪者占所有滑雪者总数的绝大部分，从滑雪体验者到滑雪爱好者的转化率较低，市场占比较小。且滑雪运动相较于篮球、足球等传统运动大项，在优质赛事IP品牌打造方面和与互联网融合方面存在不足，特别是本土性赛事和大众参与性赛事，缺乏宣传力和吸引力，关注度较低，代表性和标志性的本土大众赛事品牌较少。在崇礼滑雪特色小镇的雪上项目赛事IP构建中，除了国内外高级别的赛事，也应当注重对于本土赛事和大众赛事的投入和宣传。

2.户外休闲娱乐IP

①冬季滑雪

在冬季户外休闲方面，崇礼滑雪拥有资源禀赋、产业集聚、雪文化底蕴深厚以及政府政策保障等特点。特别是在产业聚集方面，除了已建成营业的七大滑雪场，还有正在规划新建的冬奥会系列场馆，形成了国内最大的雪场集群，产业集群化效应明显。七大雪场各具特色，其中密苑云顶、太舞和万龙雪场都具备国际雪联认证的高级专业雪道，具备一定的大型赛事承办能力和经验；富龙四季小镇具有世界最大滑雪大厅以及崇礼唯一一家夜场滑雪场；长城岭滑雪场是河北省指定的高原田径训练场；翠云山滑雪场拥有十二星座特色的雪道等。其中，万龙与密苑云顶联手实现一卡通滑，成了我国最大的雪场联滑体。其余雪场也紧随其后，各雪场间逐渐加大联手力度，扩大崇礼滑雪旅游产业红利。

②夏季避暑

在夏季户外休闲方面，崇礼同样具有优越的夏季生态气候条件和山地资源。崇礼境内大部分为山地，坡度适中。森林覆盖率广，夏季平均气温不超过20℃，舒爽宜人。且空气质量优良，PM2.5平均值优于国家一级标准，是消夏避暑的养生之地。现已建成长城岭景区、翠云山景区、喜鹊梁景区、桦皮岭景区、草原天路阎片山等生态旅游地，植物种类繁多，中草药材达240余种，包括名贵药材红景天和金莲花等。

其中，中国66号公路草原天路地处张家口崇礼区和张北县的交界，是连接崇礼区滑雪场、赤城县温泉和张北县草原三大旅游景区的一条重要通道。它位于坝上草原海拔1300～1800米的森林草甸高原之上，风景优美，是夏季避暑纳凉、休闲度假的重要景区。

③户外休闲赛事与人文活动

崇礼滑雪特色小镇以冬季雪上项目为核心，衍生出夏季越野、山地自行车、马拉松等户外休闲项目，发展全域全季性旅游，旨在打响"雪都崇礼，户外天堂"的城市口号。除了冬季的雪上项目赛事和活动外，也成功举办了各类夏季户外赛事和活动，以及多项音乐节、嘉年华、跨年晚会、相关峰会与论坛等人文活动，助力崇礼体育休闲产业快速发展。

相较于国外滑雪特色小镇的发展，崇礼滑雪特色小镇的四季运营模式成效仍待加强。虽然小镇内几大度假区在运营模式中都加快了四季运营的转化，但冬季运营仍是主要获利模式。在夏季的服务和产品中，还是以自行车、徒步、露营等常见运动项目为主，种类虽多但缺乏突出的和新颖的项目，对消费者吸引力不足。故在小镇户外休闲娱乐IP的构建中，核心文化内涵挖掘和创新性开发力度有待继续加强。

3.历史与民俗文化IP

①塞外文化与中原文化交融

构建崇礼滑雪特色小镇独特的地域文化IP是解决"一百个小镇一种模样"的同质化问题的关键，是崇礼滑雪特色小镇独特于其他体育特色小镇的核心之处。在历史文化方面，作为中原文化、游牧文化的融合地带，崇礼历史人文积淀深厚，拥有独特民俗风情。

②历史遗存及标志建筑

现今崇礼境内尚存有燕、秦、明代古长城和烽火台，辽、汉时期的各类遗址等历史文化遗迹遗址。在文物出土方面，现已发现了战国时期的青铜剑、青铜镜，还有辽代长颈瓶、戳印"内"字方砖等具有悠久历史的文物。在密苑云顶、富龙等滑雪场大厅都专设有"非遗"展演、太子城遗址及出土文物介绍展厅等。崇礼冰雪文化博物馆作为全国规模最大的、以冰雪为主题的博物馆，是崇礼最具标志性的建筑和景区之一，全面展示了崇礼独特的雪文化以及崇礼滑雪的发展进程与成果。

③年俗文化风情

在民俗文化方面，元宵灶火活动是崇礼区历史悠久的重要民俗文化活动之一，每逢元宵之际崇礼人民便组织民间灶火团队进行"打柳子""大头娃娃舞"、舞狮舞龙、扭秧歌等庆祝佳节。崇礼从2018年起开展了"红红火火中国年"系列活动，利用新春佳节之际打造传统民俗文化旅游节，将雪上项目赛事活动作为亮点，将年俗活动作为丰富崇礼百姓和游客的娱乐方式，保障了传统习俗延续性，并邀请了阳原背阁、蔚县打树花、吴桥杂技、尚义二人台等非物质文化遗产以及传统民间民俗技艺的传承人和表演者前来为游客展示、弘扬和推广崇礼年俗文化，促进当地文化旅游产业的融合发展。

从崇礼现有旅游产业和历史文化产业建设上来说，没有深入地利用、挖掘和开发本土优质历史文化资源，推广、弘扬本土历史文化及民俗文化的力度和宣传手段有待改善，产业的融合度不深。需在以雪上项目为特色的旅游产业和历史民俗文化产业基础上，合理有序地进行资源优化配置。

（二）IP+购物中心——以宝龙牛腿线体艺术展为例

1.购物中心场景IP设计策略

①空间区位规划

合理的选址是购物中心能够吸引人流、维持自身正常运转的前提，是搭建场景IP的基础。对区域型购物中心而言，消费者可来自全市区，但对于社区型购物中心，消费者多来自商业综合体的周围及周边区域，这就需要商业综合体周边的基础配套设施能够提供完善的服务。购物中心具有体量大、功能多、客流量大的特点，多数的顾客需要依靠便捷的公共交通体系，而对于自驾前往的消费者，停车位的数量、地下车库的进出方便程度成为重要指标。便捷的交通体系方便了顾客与购物中心之间的交流，提升商业活力。不同的区域价值和建筑体量会影响购物中心的定位，不同商圈的发展潜力、经济水平，可承受的商业建筑面积不同，所具有的文化属性及服务业的发展程度也对购物中心场景IP营造带来影响。

②锁定目标人群

将适合的主题匹配对应的消费者，同时有效地吸引具有高消费意愿且具有消费能力的消费者，是设计场景IP的目的。25~40岁人群特征符合目标特征，并且在这个网络时代能熟练掌握社交媒体的使用，对于公众号等活动信息传播途径能有效接收。同时需求明确，追求物质与精神的双重享受，有对艺术的追求、对新鲜事物的追捧，能享受购物中心空间带来的享受。

③场景IP空间营造

良好的空间营造会给消费者带来更好的消费体验，街道界面作为人类视觉的直接载体，空间界面和交通流线是塑造商业空间中非常重要的一环，在购物中心起到同样的作用。不仅代表空间的整体形象，帮助IP内容的有效输出，而且也起到渲染场景氛围、提升消费者积极体验的作用。场景IP化商业空间界面通过各种方式的设计手法，对空间界面的柔化和交通流线的梳理凸显了主题精神和体验特色。

侧界面柔化。侧界面柔化是消费者日常购物过程中，最直接感受到的柔化界面设计方式。侧界面作为与消费者直接接触的设计界面，不应只受制于"墙"的概念。可通过改变分隔高度和分隔方式达到多种空间置换，形成一种内外空间限定柔化的界面状态。

以高度作为分层标准，1.8米以下主要陈列商品，1.8米以上主要展示模特和广告，分别吸引远近的顾客。不同高度的侧界面营造的围合感也不同，当高度小于0.5米时，垂直界面难以对普通成年人产生围合感；高度达到1.2～1.5米时，界面开始产生围合感；这个高度同样是人坐下时具有较强私密性的高度，也是半封闭式餐厅可选择的隔断高度。

空间之间的关联程度主要是由空间的侧面分隔方式决定的，侧界面划分出不同性质的空间，为空间增加层次和阴影。不同的分隔方法能够创造出不同美感的空间，主要分为以下几类分隔方式。

线段柔化在空间侧界面做出一种由线段组成的空间架构，使得内外过渡变得柔软。采用规则排序的竖向格栅进行人流、视线引导，指引人流和消费者视线按照格栅排列的方向前进，增大对人群的吸引力。同时，格栅这一独特的设计语言作为区分内外空间的手段，增强了空间的神秘感。点阵柔化是利用立柱形成的点阵界面，能模糊空间的内外关系，营造出亦内亦外的介质属性。直线形是点阵界面中最根本的视觉特征，易于构筑出主题性的场景和氛围，营造现代和前沿的理念，从而增加给参观者的购物乐趣。面柔化运用侧面界面的虚化，通过视觉影响，形成一个介于两种不同功能空间之间的灰界面。这种侧界面柔化设计手法完成一个空间向另一个空间的过渡，视觉上虽属于共同空间，实际上属于两个不同空间。

顶界面柔化。顶界面在建筑内部空间不仅仅是一个平面概念，设计上除装饰方面，还需面对众多完全暴露在建筑表面的构件设施和设备。这些因素都会影响消费者最直观的空间容积感，顶面高度的变化将给消费者带来不同的心理感受。高顶界面易产生空旷而疏离的空间感受，低顶界面易产生压抑感，适中的高度则给人带来亲切温暖的氛围，因而塑造不同的空间感受，可在不同的区位设定不同高度的顶面。顶面空间界面的柔化设计基本上分为无遮挡顶面、半遮挡顶面和全遮挡顶面三种。

无遮挡顶面柔化即顶部空间不做任何物理性遮挡，可使用与周边环境相同的单一色彩涂料进行覆盖。特别是面对既定限制高度和形态的建筑界面时，仍要满足不同经营区域的空间要求。尤其是在需要突出商品展示的区域，将顶部界面进行柔化处理，可阻止消费者的注意力分散到空间设施上。但在某些区域为了凸显艺术范围，可有意识地暴露出建筑的原有构件，增加空间张力。

半暴露式的顶界面柔化设计，需要合理运用建筑材料，其主要功能为划分空间和丰富空间层次。遮盖部分要兼具隐藏设备、安装灯具的功能，以保证顺畅的视觉效果。暴露部分通过高差创造出隐形的边界，形成别致的空间体量和视觉效果，能够丰满消费者购物体验。

全遮盖式顶界面柔化方式是商业空间最常见的设计方式，在空间体量足够的情况下，根据具体空间的功能类型进行划分，设定令消费者满意的空间高度。在聚集、中转、停留等功能区域设计富有变化的顶界面，在大面积的经营区域设计平面式顶界面，凸显照明和广告吊旗效果，避免空间内过于丰富饱满。

底界面柔化。底界面具有暗示空间划分、引导交通流线等功能，适当的变化可增加空间的趣味性。底界面的柔化方法主要有上升、下沉和整合，这些都会为消费者创造新的空间体验。

底界面上升对空间进行划分，产生隐形边界对原有空间做出区隔，使展示区域呈现出一种仪式感。将重点区域区别于整个大空间，形成更明确的主次关系。

底界面下沉，即将空间地面的设计低于水平标高，形成凹陷空间，可实现空间的私密性，同时给消费者带来心理上的安全感。在展示空间中，这种居高临下的欣赏方式，改变了空间整体层次感，使得商业空间更富有趣味性。底界面整合即形成多义空间，将两个不同功能空间进行整合，制造隐形边界，主要用于交通空间和观赏、休憩购物空间的整合。当消费者进入观赏、休憩和购物区域，就不会阻碍交通流线，但隐形的边界不会给消费者带来心理上的负担，呈现出了可持续的变化性，空间利用更加灵活高效，易于相互渗透，使休憩、观赏、购物空间无缝衔接，空间的界限变得模糊。不同功能的布置方式也是弹性可变的，可增加与消费者的互动，从而进一步带动消费，由被动经营转为主动经营。

④场景IP内容营造

满足消费者期待的内容才是好的场景IP内容，换言之结合体量、定位与周边人群，才能做出正确的内容选择。购物中心按规模分类，可分为邻里型、社区型、区域型和超级区域型四类，但从商业概念和区位特征等特性划分，可简化成社区型和区域型两大类。社区型购物中心在居住区内或居住区周边，商业构成单一，以营造生活服务场景IP为主，是小体量的购物中心，是小而美的代表。区域型购物中心通常拥有优越的、高商业价值的地理位置，业态丰富而全面，覆盖所有的场景IP类别，是大而全的代表。

一是大而全的选择。大而全的购物中心在避免同质化的基础上，追求功能上的全貌、业态上的丰富、风格上的统一。追求大而全，追求文化艺术场景、休闲娱乐场景、生活服务场景和自然生态场景四种场景皆具的效果，且在四种场景中进行组合，创造出独一无二的场景IP，突出购物中心自身的主题性，并着重打造场景IP的体验性、互动性。

二是小而美的选择。在社会生活节奏日益加快的今天，大部分人下班之后都无力专门前往路途遥远的购物中心娱乐。在这种情况下，小而美的社区型购物中心就成了人们的首选，符合当下"15分钟生活服务圈"的生活理念。中青年白天上班，可自由支配的时间不多，步行容忍时间较多集中在5～10分钟，他们的需求类型也集中在日常生活服务和健身等活动，因此着重打造生活服务场景IP，以休闲娱乐场景IP为辅。

作为社区型购物中心，消费群体与区域型购物中心有所不同，老年人成为主流，但其步行容忍时间较年轻人更长，集中在10～15分钟，一方面是由于老年人生活节奏放缓，生活紧迫感弱，另一方面步行是老年人主要的健身方式之一。相对来说，老年人接触频率较高的场景IP为生活服务类，同时追求文化艺术场景。

2.购物中心场景IP设计手法

场景IP设计手法是多样的，是为满足消费者在购物中心商业空间中的体验感服务的。要通过不同的设计手法对购物中心商业空间的氛围营造起到至关重要的作用，同时也要突出商品与空间的主从关系，把握统一与变化，并结合空间不同部位的功能特性进行设计。

①材质塑造手法

当代购物中心商业空间的整体环境已较为复杂，各种功能与场景IP相互交织。所以使用的建筑材料应当保持统一协调，具有强烈特性的材料只能在一些关键部分进行修饰，创建一个具有通透性的场景。减弱空间视线遮挡，使消费者的视线与另一侧的场景连接，同时也成为对面视线中的场景元素。这样制造的人为延伸感，为视觉感知创作出更广阔的空间。尤其是运用不同程度的透明及半透明材料来塑造出物理质感的削弱效果，集中体现空间的多重维度，营造出一种朦胧、柔化的美感。

②色彩塑造手法

色彩是场景IP设计中最具视觉冲击力的元素之一，能带动感情上强烈的表现力，引发人产生联想，直接影响人的生理和心理状况。在空间中，色相、明度、纯度、冷暖以及形状等因素可产生空间的前后远近感，高明度、高纯度的颜色和暖色调，具有前景感，低明度、低纯度的颜色和冷色调具有远景感；整体的色彩有前进感，色彩不完整、边缘虚化有后退之感。将各种颜色进行平衡配搭，并与三维空间的虚实、明暗、阴影相配合，可以达到场景IP设计中引导消费情绪的效果。

③照明塑造手法

照明塑造手法可同时装饰室内外空间，起到丰富空间层次、渲染环境氛围的作用，在具体设计时应充分考虑自然光的引入和高反光材料的使用。自然光在空间和光影的协同作用下，可以营造出富有戏剧性的空间。光在消隐过程中是让光线从界面的一边进入到界面的另一边，而边界的存在可以看作让阴影进入界面的另一边。对光和影的应用可以很好地消解实体边界，形成虚的界面，扩大心理上的空间范围。

除了利用自然光消除界面阴影来让人产生错觉，使得界面消隐外，还可以借助特殊照明的方式，利用这些灯光加上高反光材料的反射作用，在特定范围内消除界面的阴影，从而使得身处该环境的消费者产生视觉方面的错觉。围护界面在灯光的作用下，让人感觉到真实与虚幻、存在与不存在的模糊状态，在人的感知层面达到了界面的消隐。

3.宝龙牛腿线体艺术展设计

（1）场景IP设计说明

场景IP设计实践地点选择杭州宝龙艺术中心，根据场景IP设计策略，宝龙艺术中心在滨江宝龙城5层屋顶花园内，地理位置优越。

购物中心整体文化定位符合杭州当地消费者的消费习惯，追求有品质的享受型消费，追求商业与艺术的融合。在建筑内部空间上，拥有200～500平方米的大小展厅共13个，总计展览面积约4000平方米，可用于举办形式多样、内容丰富的艺术展览和公共教育活动，承担对公众审美教育的历史责任，满足老百姓对美、对高品质生活的追求。

在主题的选择上，宝龙城更符合大而全的主题设计策略。基于杭州消费者在文化消费上既偏向于传统文化又喜爱追赶潮流的消费习惯，展览主题围绕线体"牛腿"展开。牛腿是指中国传统古建筑中的梁托，是顶着屋檐的支撑结构，不少牛腿被雕刻得十分精细，文化内涵丰富，题材广泛，具有极高的艺术价值，题材广泛。精致的传统文化与现代设计手法融合，丰富了宝龙艺术中心的展览形式。

在设计手法上，将原本百年间存在房檐之上的传统牛腿，变为本次场景IP设计实践中的IP——线体牛腿则可存在于平面纸张或墙壁上，此时传统文化已经发生了改变，成为一种更为大众所接受的跨界艺术。作为具有传播性的IP，线体牛腿不仅代表传统，也可二次创作鞋子、T恤、盘子、模型等，代表着一种新的态度和审美，也契合宝龙艺术中心的整体定位。

（2）牛腿线体艺术展场景IP设计

购物中心场景IP设计的主要元素包括前期规划、目标人群、空间营造与内容营造四点，当建筑内部空间与主题元素已然确定，将内容与空间有机地结合为前来参加展览的消费者们提供不同以往的体验经历成为重点。

展览，即互动的过程。牛腿线体艺术展的互动点在于这是一场"消失的展览"。展览首日艺术家先动笔将线体牛腿绘于墙面，到闭展那一天再请观展者一同把墙刷白，这样便将牛腿线体画永远留在美术馆里，"消失"的仪式感就此完成。

展厅层高达5米，使参展者易产生空旷而疏离的空间感受，增加线体牛腿艺术给参展者带来的文化神秘感。牛腿线体艺术展场景IP设计采用无遮挡顶面柔化，即顶部空间不做任何物理性遮挡，保持展厅顶部与周边环境使用相同单一色彩，可突出展示的区域，防止参展者的注意力分散到空间设施上。

在展览材质选择上，白墙、墨水就是主体。购物中心商业空间的整体环境已较为复杂，为避免各种功能与展品相互夹杂在一起，麻布这一具有特性的材料成为关键的修饰部分，体现空间的多重维度，营造出一种朦胧、柔化的美感。

色彩的选择能带动参展者感情上强烈的感受力，使人产生联想，直接影响人的生理和心理状况。展品高明度、暖色调，而周边的白墙则是冷色调，冷暖之间将展品突出到参展者面前。

所见物象的消失，只是视觉的不可见，而形式语言的转移，内心一直可见。对于参展者而言，这场正在消失的展览，通过网络传播、讲述倾诉以及回想记忆存在过，即是最宝贵的。这就是设计场景IP的意义所在，购买、参观的过程是一次性的，而体验与记忆是永远的。

（三）IP+主题公园

1.主题公园的业态及思辨

主题公园的发展随着互联网与科技文化的创新，无论是本土的还是外来的主题公园，都是将亚文化设计融入科技文化中，是一个带领客户身临其境体验休闲生活的场所。并且用各种各样的标签召唤志同道合者，然后用各种食品、建筑、活动、游乐设施、展览等包围形成一种"家"的情境，令所有参与的人获得如家的感觉。

简而言之，休闲目的地的设计趋势，将遵循"文化+环境=生活方式"的重要原则，不再采用线性的故事线，而是环绕故事圈，让游客在环境中选择自己喜欢的角色。沿着发展兴盛的历史脉络来看，主题公园可追溯至古希腊、古罗马时代，开始只局限于竞技、表演、展览等活动。19世纪后期，随着机械加工技术的进步，游乐园大多抛弃了表演和游人休闲等形式，转变为依赖技术进步与设施保障来满足游人对于刺激性活动的需求。

其中最值得探究的是主题公园的不断创新这个永恒不变的主题。例如，迪士尼的创新就是要给来迪士尼的影迷们圆一个梦，满足影迷们无法到电影工厂去近距离参观与体验的遗憾。把梦境真切地给予影迷，将一个愿望变成了一个创意，一种逻辑则演绎成为一种商业模式，其理念是将制作动画电影中所运用的色彩、魔幻、刺激、惊奇和娱乐相融合，使游乐以一种戏剧化、探险式的方式呈现出来。

迪士尼乐园是世界大型主题游乐园发展的一个里程碑，特别是其概念逐渐被推广到世界其他国家，并结合各国的文化传统、自然特色、经济状况等形成了许多新的类型，使主题乐园表现的主题、手段、形式等日趋丰富，使公园真正迈入到了乐园阶段。上海的迪士尼乐园尤其在3D效果等最新最炫科技方面领先于世界其他迪士尼乐园，如创速极光轮、飞越地平线、沉落宝藏之战等项目，这对那些早已告别童年的中年人来说，也可以激发他们的想象力，使他们沉浸于童话中。乐园也带动了周边地区的发展，如餐饮、技术服务、零售业等，都成为浦东地区优势产业。

综述主题公园的发展状况，我国大部分主题公园都是将房产收益作为自身盈利的主要手段，重视综合运营不够，究其原因只是看到了"乐园"二字，却淡化了文化主题及其创意。如将主题乐园简单理解成加了包装的游乐园，这必然导致空壳化现象严重，加上缺乏原创力量，互相模仿抄袭，导致大量的主题乐园都是在低层次上重复建设，同质化现象严重。

2.主题公园的IP原创性与科技引领

主题公园的精髓不仅在于公园和主题的打造，也在于文化与逻辑的构建，更在于思维模式的不断创新，如果没有不懈的开拓进取精神，终有一天会湮灭于时代的进步之中。科技与娱乐的相互促进、文化与旅游的相互融合，推动了科幻产业主题公园的出现。

文化创意的有效方法可以是通过梳理关系，发现新的视角，构建相关逻辑，从中启迪创意。主题公园，由于其主题的本身就具有创意性，创新的空间可以理解为无限制性，正因如此不但可以拓展创意构思的时间与空间、科学与文化的跨度与领域、设计的逻辑关系与技术手段等，而且可使之成为当代流行旅游业的一种开发方式。原创性IP主题公园设计的核心思路是为设计师以及主题公园的开发者提供一种较深层次的逻辑探讨，能够在未来主题公园设计与运营的思考方向上，起到一定的引领作用。

二、国外旅游IP的发展实践

（一）德国柏林

德国人口数量较多，是目前欧洲第一大经济体，全球国内生产总值第四大国，引领全球工业化发展。前柏林市长克劳斯·沃维莱特（Klaus　Wowereit）曾说，柏林很穷，但很性感。

提起德国首都柏林，人们通常会先想到曾将德国分隔的柏林墙。某城市技术领域专家曾说，柏林墙倒塌是柏林有史以来最好的营销活动。1990年，世界最大的露天画廊"东边画廊"在这里正式开放。来自21个国家的艺术家在柏林墙段上，创作了不同主题的绘画作品。1991年，这段柏林墙被列为保护建筑。一段具有历史意义的绘画墙体，成为最具代表性的公共艺术作品，彰显了柏林的城市特色文化，成为该市文旅IP的重要地标。

（二）法国巴黎

说起巴黎这座城市，自然不缺少城市特色文旅IP符号。来到巴黎，就像走进一座美的殿堂，也可以说巴黎就是一座历史悠久的城市美术馆。巴黎有展现人类文明的卢浮宫、宗教圣地巴黎圣母院、气势恢宏的凡尔赛宫、由火车站改造的奥赛美术馆、汇聚现当代艺术精品的蓬皮杜艺术中心、东京宫等，此外巴黎还有随处可见的公共艺术作品。而在塞纳河畔，还有像莫奈这样知名艺术家的故居等待人们去探访求知。

谈及由一位艺术家IP带动一个区域的可持续发展，法国巴黎南部吉维尼小镇的莫奈花园可以说是一个经典案例。莫奈花园是法国著名画家莫奈的故居。在他的故居，还原封不动地陈列着他的收藏品、各式居家用品等。

第三节　文化和旅游产业IP资源的开发路径

一、准确定位IP载体

文化IP内容最终要以载体的形式表达出来。旅游文创产品在开发过程中，除了要准确定位文化IP所传递的文化内涵，也要重视其载体的选择。因为，旅游文创产品的开发已经不仅仅停留在对旅游纪念品的开发上，而且还可依托于其他不同的表现形式，如影像制品、书籍、艺术表演等。但是对文化IP载体要精挑细选，通过实物的展示让消费者产生强烈的共鸣，满足其心理需求，实现文化IP资源利用最大化。

二、创新文化IP内容

文化IP设计首先要突出景区文化底蕴，并在此基础上对IP内容开拓创新，将地方历史文化资源研发成为可视化、创新性的高质量产品内容，将文化属性赋能旅游文创产品，实现文化IP可持续开发。由中国民生银行与故宫联名打造的故宫文创系列主题信用卡，不仅富有创意，而且实用性较强。因此，要注重文化IP内容创新，以多种产品形式将文化IP所富有的内涵、文化价值传递给公众，创造更多的商业价值。

三、注重产品系统开发

文化旅游作为一个开放的系统，由若干部分共同组合而成，每个部分各自独立却又彼此关联。因此，旅游文创产品开发系统化，提倡的观点是在旅游文创产品开发的过程中，采用科学的方法进行全面开发，切忌从单一方面着手。文化IP

赋能旅游文创产品开发，应基于所蕴含的故事情感、文化内涵等内容，按照系统性的开发原则，将景区内有特色的项目开发出来，满足消费者多方面的消费需求。

四、贴合受众心理需求

文化IP赋能旅游文创产品开发，最为重要的一点就是要保证原有的文化资源内涵不被破坏，借助文化特色吸引受众。然而，为了顺应当下市场趋势并满足消费者的心理需求，应赋予旅游文创产品新的文化内涵，实现传统文化与现代文化的完美结合。对于初次接触文化IP的受众来说，很难理解其中的内涵所在。因此，旅游开发商在进行旅游文创产品开发时，应注重传递文化IP内涵，通过与消费者互动将故事内容、文化价值传达给游客，并以征集创意的方式，不断衍生出丰富的内容素材，打造符合受众心理需求的文化IP型旅游文创产品。

第四节　文化和旅游产业IP的发展展望

一、文化旅游IP持续创新需求旺盛

大众旅游时代兴起，旅游界将IP概念引进旅游业，依托显著识别功能的旅游景观和旅游服务特征，将IP作为对某一旅游目的地的形象认知方式，赋予旅游目的地独特的性格特点，从旅游产品创新、全域旅游营销、新媒体推介、粉丝互动等多样化延伸途径，令旅游产品的形象有了更具体、更有生命力的体现。旅游IP的出现与持续创新，使得旅游从物以类聚的跟团游时代进化为人以群分的全域化、全景化、全时化的大众游时代，以定制化、差异化、特色化重塑地区旅游价值。

二、文化旅游IP运营管理不断规范

（一）旅游IP授权与维权

我国的IP经济仍处于初级阶段，IP授权及维权体系尚不健全，未来应在政策法规、行业规范、企业自律等方面不断完善。旅游IP的授权方面，从授权方角度来看，在授权特别是多次授权环节，应根据不同代理方的开发类型、推出时间、推出顺序等不同情况，分层次、有针对性地授权，保证授权合规有序进行，通过差异化运营使IP价值最大化。从IP获取方来说，除了做到依法合规取得授权之外，也要重视自身产权保护。

（二）文化旅游IP的长效运营

IP经济的核心是寻求商业变现，它的商业模式主要是在获取具备大量粉丝群体的大热IP后，对其进行系列改编，快速跨界进入影视、动漫、游戏等不同领域，然后依靠同IP源下不同产品吸引粉丝购买变现，实现多元化的变现。目前，旅游IP的产品形态相对单一，很多投资者追求短期价值，IP难以沉淀，缺乏长久生命力。未来，旅游IP的长期价值将得到进一步的开发。旅游IP需要在资源整合、多形态研发利用层面加大投入，从线上到线下进行关联延展，实现多元融合发展。未来对旅游IP的开发和再创作可以产生跨年龄、跨代际、跨地域、跨行业的影响力，优质的旅游IP应该有影响力、有价值、有长尾效应。

第七章 现代乡村旅游IP资源开发的策略

乡村文化是乡村旅游的核心内容与最大的卖点，文化是一种无形的资产，具有巨大的开发价值。未来旅游规划竞争更多体现在IP塑造上，乡村旅游规划的核心工作就是要深入挖掘乡村中的旅游资源的文化内涵，打造具有乡村特色的文化IP。本章分为乡村旅游的发展演进、乡村旅游的发展模式、乡村旅游资源的分类、乡村旅游IP资源开发的策略四部分。主要内容包括国外乡村旅游发展历程、典型国家乡村旅游发展特点、国内乡村旅游发展历程、国内乡村旅游发展现状等方面。

第一节 乡村旅游的发展演进

一、乡村旅游发展历程

我国的乡村旅游相较于发达国家来说差距较明显。首先，从起源来看，1984年珠海白藤湖景区建立了中国首个农民度假村，该度假村发挥了自然资源优势，盘活了农业绿色资源，首创了国内农业观光游，吸引了广大游客参观体验，这就是我国乡村旅游的鼻祖。其次，从发展历程来看，我国乡村旅游经历了四个发展阶段。第一阶段为自发初创阶段，其极具代表性的是农家乐的兴起和1989年"中国农民旅游协会"更名为"中国乡村旅游协会"，该阶段时间跨度为1984至1994年。第二阶段为全面发展阶段，这一阶段得益于1995年我国开始实行的双休日制度，1999年开始实行的五一、十一长假制度，为乡村旅游提供了时间支持，乡村假日经济快速升温。第三阶段为纵深发展阶段。这一阶段始于21世纪初，其特点是助力"三农"解决农业农村问题，这一阶段"美丽乡村"概念开始深入人心。

随后，国家旅游局（现文化和旅游部）提出了"2006中国乡村游"年度旅游主题，把新农村、新旅游、新体验、新风尚作为当时的宣传口号，同年发布了《关于促进农村旅游发展的指导意见》。经过多年的探索与实践，我国乡村旅游正步入第四阶段，即高质量发展阶段。在中国共产党第十九次全国代表大会上，习近平总书记提出了乡村振兴战略。2018年10月，国家发展改革委、文化和旅游部等部门联合印发了《促进乡村旅游发展提质升级行动方案（2018年—2020年）》，方案提出鼓励引导社会资本参与乡村旅游发展建设，加大对乡村旅游发展配套政策支持。2018年12月，文化和旅游部、国家发展改革委等17部门联合发布《关于促进乡村旅游可持续发展的指导意见》，指出要优化乡村旅游环境，丰富乡村旅游产品。在国家政策的扶持和助力下，现阶段我国乡村旅游发展如火如荼，各地都出现了较为知名的旅游品牌，比如浙江乌镇、安徽宏村、江西婺源等耳熟能详的旅游乡村。全国乡村旅游收入显著增加，规模显著扩大，2018年全年国内乡村旅游人次达30亿。乡村旅游已然成为乡村经济的重要增长点。

乡村旅游的高速发展，对农村地区的产业转型、农业就业、激发乡村活力、助力乡村振兴等具有重要的促进作用，但我们也可以看到我国大部分地区乡村旅游依旧存在低水平、同质化开发与竞争及营销手段单一等问题，这一现状阻碍了我国乡村旅游的高质量发展。

二、乡村旅游发展现状

（一）旅游设施缺乏系统规划

发展乡村旅游是国际上公认的消除贫困的有效途径，但我国乡村现有的旅游形式零散粗放，缺乏系统规划，已经不适合如今的旅游市场。我国乡村旅游业经过近几年的发展，已经颇具规模，在基础设施、旅游产品等方面都有了一定的积累。但随着国民素质的不断提高，人们对美好生活的追求逐渐呈现出个性化、多样化、精细化的特点，这些特征在乡村旅游方面体现为游客需求的个性化和差别化，这要求乡村旅游从业者要创造出更具参与感、体验感的产品来满足各类游客的需求。但对原有乡村旅游产品和设施的改造需要巨大的决心和毅力，需要当地政府全盘考虑，综合施策，系统地整合区域内的文化背景、旅游资源、交通住宿等各方面的因素，做到系统规划、整体开发、融合发展，使游客在游览中的每一环节都顺畅，每一时刻都舒心。

（二）旅游产品缺乏文化内涵

文化是民族的灵魂，对于乡村旅游而言，乡土文化就是乡村旅游的灵魂。筑牢乡村旅游文化之魂是乡村旅游能够高质量发展的前提和基础，但当前大多数乡村旅游延续着原有的粗放发展方式，忽视游客的精神需求和参与感，只看到当前利益，追求成本低、见效快的发展方式，主要体现在两个方面：一方面，乡村旅游在规划建设景区时大多存在同质效仿问题，未能根据当地乡土人情展现特色，造成乡村旅游景点大同小异，同质化现象严重，使游客缺乏新鲜感；另一方面，在旅游纪念品制作方面，人人都知道只有发掘本地特色产品才能给游客带来新奇的体验，才能给游客留下深刻的印象，但乡土文化孕育出的好产品非常少，鲜有人能够沉下心来发掘它们，使它们重放异彩。市面上大多是一些质量差、缺乏当地特色的工业产品。未来的发展中，只有深入发掘当地的乡土文化并运用到区域乡村旅游规划、景区建设、产品设计乃至乡村建设的方方面面，提升乡村旅游精细化程度，才能给游客带来更深刻的旅游体验，进而实现乡村旅游的高质量发展。

（三）乡村旅游缺乏品牌影响力

近年来，乡村旅游景点如雨后春笋般遍地开花，竞争异常激烈。在此背景下要想脱颖而出，只注重加强乡土文化发掘、做出特色是不够的。当前乡村旅游只有重视旅游营销，让旅游产品、旅游特色为更多人知晓和向往才能在旅游市场上占据一席之地。但目前的乡村旅游营销方式老旧，受众范围小，难以在全国或全世界形成影响力。

（四）旅游增收途径单一

一场新冠疫情使得全国的乡村旅游产业遭受重创，由此可见外部打击对乡村旅游业的影响之强。我们更应反思当前乡村旅游产业的脆弱性，其脆弱性不仅表现在对社会环境的依赖，还表现在当地政府及旅游从业者一味靠线下售卖旅游纪念品，提供线下旅游服务，创收途径单一，使得从事乡村旅游的村民收入稳定性急剧下降，不利于乡村振兴战略的接续展开。

（五）参与人员缺少生态保护意识

当前，我国乡村旅游处于快速发展状态，旅游区游客接待规模也快速发展，尤其是每年的五一、十一假期，游客规模更是呈指数级增长。在这种发展形势下，乡村生态环境受到了严峻考验，同时也加大了乡村生活垃圾和废弃物处理的压力。

首先，乡村地区因为生态环境保护意识较弱，缺少有效的管理办法与管理团队，对于生活垃圾的处理手段主要为深埋或者焚烧，甚至还有一些垃圾随意堆放，加剧了对空气、水源以及土壤的污染。其次，一些旅游人员缺少生态责任，在享受乡村风情过程中忽视了对废弃物的有效处理，导致数量众多的垃圾不能够得到充分的分解。除此之外，不可忽视生态理念的指导作用，对其作用理解不到位，容易造成在乡村旅游开发过程之中对于第一产业有所轻视，忽略其对于农村所具有的重要意义。大规模占用耕地导致耕地资源越来越紧张，并且游客的践踏、采摘和缺少合理规划的建设，也对乡村旅游地区植被和生态环境造成了严重破坏。

第二节　乡村旅游的发展模式

一、景区依托型乡村旅游发展模式

（一）景区依托型乡村旅游的基本特征

根据对乡村旅游不同开发模式下的资源背景、客源市场、旅游产品、旅游形式和服务特色等进行分析，可将乡村旅游划分为五种类型，分别是文化依托型、景区依托型、环境依托型、产业依托型、城市郊区型。

景区依托型乡村旅游，即位于景区边缘或内部的乡村自身具备一定的资源条件，最初依托景区客源市场及优势资源以为景区提供餐饮、住宿等配套服务设施而发育起来的乡村。随着景区和乡村的旅游服务功能不断完善，形成密切的产业链关系。

景区与村庄的关系既相互分离，又相互依存。一方面，景区依托型乡村对完善景区服务功能，提升景区旅游承载力发挥积极作用；另一方面，乡村受景区辐射带动作用，有效承接景区稳定的客源市场及资源条件，自身吃、住、行、游、购、娱等旅游基础服务设施不断健全，逐渐实现规模化、景区化发展，使得更多的游客为村庄而来，景区与景区依托型村庄之间的关系发生了显著变化，逐渐由最初的单方面依赖到双方的多元交流与合作，实现共生发展。

（二）景区依托型乡村旅游集群合理性

对于景区依托型乡村旅游集群的研究，笔者主要从景区与村庄之间的集群、村与村之间的集群、企业与企业之间的集群三个维度展开。基于美国学者马库森（Markusen）将产业集群划分为马歇尔式产业集群、轮轴式产业集群、卫星平台式产业集群、政府依赖型产业集群等类型，景区依托型乡村旅游集群整体上呈现村庄围绕景区轮轴式发展，而集群内部又具有马歇尔式特征。轮轴式产业集群指由众多中小企业围绕一个或多个核心企业发展。中小企业依赖核心企业，为其提供配套型生产；核心企业发挥主导作用、支配作用。核心企业与配套企业之间以及配套产业相互之间既存在产业链上的紧密合作，又存在对市场、利益的竞争。集群内部竞争具有激励作用，并且形成长期稳定的合作关系。景区依托型乡村旅游集群中，景区作为核心企业，先于村庄发展，具备得天独厚的资源优势和基础客源市场。村庄最初凭借与景区的空间邻近性以为景区提供配套服务设施发展起来，并长期以景区为轴心发展。

马歇尔式产业集群认为同一产业内企业的地理集聚可以产生地方化的外部规模经济，发挥邻近优势，降低成本，有利于专业化分工合作，有利于共享劳动力和市场资源，有利于知识溢出。

除此以外，他更强调产业与地方社会的密切联系。地方的社会规范和价值观念等对区域创新和经济的协调可持续发展发挥关键作用。一方面，地方社会的熟悉性、相互依赖性以及密切的交流合作促使彼此形成共识、相互信任，有助于降低内部交易成本，加快信息、技术等流动，有效保持经济平衡；另一方面，地方社会整体的意识形态、文化观念为地域特色产业的发育营造积极的产业氛围，地方归属感、文化自信、创新精神等促进知识、技术的转移和扩散，推动创新发展。

由此可见，马歇尔定义的集聚经济重视产业与地方社会的联系，强调空间上的邻近性和文化的同质性是产业集群形成的两个重要条件。在乡村地区旅游产业集群的发展过程中，乡村的文化民俗作为特色纽带是体现乡村记忆、地域特色，增强影响力和竞争力的重要举措。村庄的惯例习俗、道德观念等规则制度对村民的认知产生潜移默化的影响，熟人社会关系网络下的乡村不同于城市陌生人社会的自主式、开放式经营，乡村知识溢出过程中的连锁效应、学习效应和激励作用有利于信息、技术的扩散和创新能力的提升。村民对于经营模式的普遍认可形成一种认知锁定,统一共识、集体意志的形成,便于相互之间的交流合作,有利于实现差异化、专业化,打造地域特色产品。

经济学家钟朋荣将浙江地区聚集在一定区域范围内的众多中小企业分工协作的经济发展方式称为"小狗经济"。小狗经济注重区域范围内的产业集中与生产环节集中的统一,强调通过专业化的分工与合作发挥规模经济优势。比如浙江台州的上千家摩托车零部件生产企业就是典型的小狗经济,家族式的企业经营多以家庭工厂为主,细致的分工更有利于实现专业化生产。中小企业在有限的资金、规模、技术条件下虽然不能独立生产出完整的摩托车,但是对于某个零部件的设计加工可以做到非常精细,同时保证产量提升和成本降低。景区依托型乡村旅游集群中,集中分布又独立经营的民宿企业亦是如此。在由一只只"小狗"组成的经济体系中,企业间相互合作、相互依赖、分工明确、机制灵活,建立起一种良好的契约关系、合作伙伴关系;家庭式经营自我管理、自我监督,形成内部的激励机制和约束机制。但同时,由于企业规模普遍较小,地域品牌和市场网络的建立是小狗经济亟须解决的问题。

总体来看,景区依托型乡村旅游集群的发展基于当地社会文化背景环境,以地域范围内的旅游景区、乡村为主体,与民宿、旅行社、特色商铺、交通公司、工厂等其他旅游相关企业及村集体、培训机构、文化单位等组织联结在一起,为提升乡村旅游综合竞争力和品牌效应而建立紧密的联系,既存在竞争与合作关系,又发挥规模经济效应。同时,景区依托型乡村旅游集群又强调旅游业与乡村特色农业、加工制造业、文化创意产业的融合发展。

(三)景区依托型乡村旅游集群可行性

1.乡村多元旅游资源为集群发展营造环境

乡村旅游作为一种复合型产业,其旅游资源的广博性和可塑性使实现资源空间聚集成为可能。旅游资源的分布、类型等基本状况是决定旅游业发展的重要因素,同时,乡村地区传统的民风习俗、节庆活动等多元化的文化特色是乡村精神内核的体现。乡村地区原生的农业资源、自然生态条件及独特的乡风民俗等催生了田园采摘、民宿经营、特色餐饮、文化体验、研学旅行等形式各异的旅游产业。但由于长期受自然经济影响,乡村也有封闭保守性,家庭式经营导致经营规模有限,孤立发展也不利于产品创新。为满足旅游者体验乡村文化、景观和乡村生活的需求,承载不同资源特色的乡村旅游产业应进行互动,通过分工合理、配合紧密的规模化、专业化、综合性的集群发展，从而实现创新旅游活动、升级旅游产品、优化旅游服务的目标。

旅游产业集群是参与旅游活动的各种相关企业、培训教育等支撑机构及政府等公共部门联合发展的过程。加强对乡村旅游产品的开发设计、旅游活动的科学运营及多元主体协作，有助于形成吃、住、行、游、购、娱等多样化的、产业链延长的旅游服务。通过深入挖掘乡村文化特色，打造独具创意的地域特色文化品牌，实现差异化、创新性发展，从而避免同质产品低水平的集聚。

2.景村共生关系为集群发展提供可能

对于景区依托型乡村旅游集群，景区和乡村是集群的两大行为主体。但乡村旅游集群不仅是景区与村庄的集群、企业和企业的集群，也是村与村的集群。不仅要研究景区和乡村的互动关系，景区与景区之间、乡村与乡村之间、企业与企业之间、村民与村民之间的关系也是集群发展的关键。

根据产业集群理论中空间集中、企业网络、竞合关系、社会根植性、创新能力五个基本特征，景区与村庄在地理位置上的邻近、服务功能上的互补、本土文化的根植、产业链条的联结等方面都为集群发展提供了必要的条件。景区依托型乡村旅游集群也势必会对促进旅游产业协调发展、地域品牌形象提升、创新能力增强产生重要影响。

二、旅游小城镇发展模式

旅游城镇化是以旅游业发展带来外地客源涌入，为外来游客服务而形成人流、物资流、信息流等要素集聚，进而推进城镇化发展的一个动态过程，是随着旅游业和城镇化的发展而产生的必然结果，旅游城镇的形成和发展是旅游城镇化不断推进的结果。随着旅游业迅速发展，外来游客不断涌入，一些旅游资源比较丰富的地区，为了满足外来游客的旅游消费需求，自然而然集聚了众多为外来游客旅游消费服务的非农业人员，在人口集聚、消费集聚、产业集聚、功能集聚等效应的引领推动下，一些小城镇也随之迅速发展起来，形成了一些自然形成的旅游小城镇。在这个过程中，人口、资源、信息、资本等市场要素不断向旅游目的地集聚，推动这些旅游小城镇各种功能提升和空间边界扩大。

（一）旅游小城镇发展阶段

1.改革开放之前（1949—1978年）

新中国成立伊始，国民经济处于恢复期，在国家优先发展重工业战略引领下，全国各地大规模开展工业化建设，需要大量的劳动力，因此，国家一定程度上支持和鼓励农村人口进城就业和定居。这一时期小城镇与工业化保持一种相对协调发展的态势。

我国在这一时期的主要国家战略是建立体系完备、独立自主的国防重工业体系，这一战略促使我国各级政府倾向于把大量的经济政策资源投向资源丰富、区位优良的大型城市，忽视了对小城镇的关注和认识。这一时期，产业经济型小城镇的数量和比重在全国小城镇中可忽略不计。1955年，国务院采用居民点的人口下限数量和职业构成两个标准，首次制定颁布了《关于设置市、镇建制的决定》，规定聚居人口10万以上的城镇可以设置市的建制，县级或县级以上国家机关所在地，可以设置镇的建制。改革开放之前，我国旅游业主要有外事接待和疗养两个主要功能，在这类疗养区和外事接待区已经显现出旅游小城镇的一些主要特征，可以看作是早期旅游小城镇的初级阶段的雏形。这些疗养区和外事接待区主要集中分布在少数景色优美的风景名胜区，对当地的城镇化没什么推动作用。此外，当时的疗养区和外事接待区属于国家开办，由国家统一管理，与当地几乎没有经济商贸往来，因此，对当地经济产业缺乏带动。

2.快速兴起阶段（1979—1999年）

党的十一届三中全会以来，农村经营管理体制改革释放了巨大的经济动能，推动着农村经济的迅猛发展，农业剩余产品的增多促使城镇集市贸易的恢复和发展。乡镇企业雨后春笋般迅猛崛起，带来了城镇务工人员集聚，农村剩余劳动力涌往城镇务工、经商，大量的人财物在小城镇实现了集聚；国家政策自上而下的鼓励，也带动了小城镇的迅猛发展。多重因素综合效应，推动小城镇建设迅速进入快速兴起阶段。

邓小平同志发表"黄山谈话"后，我国旅游业开始进入恢复发展期。自20世纪80年代开始，我国旅游逐渐由事业接待型向经济产业型转变，国门初开，国外游客蜂拥而至，促使旅游业开始步入快速发展的时期，这一时期的游客主要以入境游客为主。国际游客对国内的名山大川和风景名胜青睐有加，成为他们中国旅游决策的首选，这些景区迅速成为闻名遐迩的国际旅游目的地。

在外来旅游者旅游需求的拉动下，这些重要景区周边的小城镇也由于提供满足这些需求的有效产品供给得到较快发展，初步显现了旅游小城镇的基本功能。1984年，民政部《关于调整建镇标准的报告》指出，少数民族地区、人口稀少的边远地区、山区和小型工矿区、小港口、风景旅游、边境口岸等地，非农业人口虽不足2000，如确有必要，也可以设置镇的建制。20世纪90年代中期，我国经济持续发展，人民可支配收入增加，旅游需求随之增长，再有1998年国际金融危机的冲击，中央提出并施行"扩大内需"的鼓励消费政策，旅游作为综合关联性强的产业理所当然地进入中央领导人的决策视野。在旺盛的旅游休闲消费需求拉动和国家鼓励政策的推动下，加上黄金周假期制度的施行，国内旅游业出现供需两旺的火爆局面。诸多旅游景区得到开发，丰富了国内旅游供给市场，一定程度上为我国旅游业繁荣提供了产品供给保障。

此外，由于旅游供需市场迅速发展，外来游客大量涌入知名旅游目的地，为满足这些游客的旅游消费需求，旅游景区所在地人、财、物、信息迅速集聚，带动了旅游小城镇的发展。这一阶段，九寨沟、黄龙、峨眉山、乐山等景区由于成功申报世界遗产，知名度和美誉度提升，迅速在国内外游客中声名鹊起，成为国内外游客旅游选择时重点考虑的重要旅游目的地。因此，也吸引了全国各地的政、商、学等各界研究者持续关注一些知名旅游城市和旅游小城镇。

总体来看，这一阶段旅游小城镇发展的主要特征是数量迅速增加，在全国小城镇体系中，旅游小城镇占据了一定的地位，成为小城镇的一种重要类型。旅游业逐渐成为我国小城镇发展乃至城市化推进的重要驱动力之一，最明显的表现就是张家界、丽江、九寨沟、川主寺镇等旅游城市（镇）出现。但是，工业化是这一时期我国发展的首要选择，因此，这一阶段工业化成为我国绝大多数城镇化发展的绝对驱动力。在全国小城镇体系中，工业型小城镇占绝对优势地位，决策层、实践界、理论界并未真正重视旅游小城镇对经济社会发展的引领作用。

3.逐步成熟阶段（2000—2012年）

2000年以后，旅游大众化的特征日益明显，助推了国内旅游需求迅速迸发，同时随着西部大开发、中部崛起、振兴东北老工业基地等一系列国家级战略实施，国家加大基础设施建设投入，旅游基础设施得到改善，一定程度上丰富完善了旅游产品生产供给体系，旅游业发展的软硬环境得到优化。国家政策鼓励支持、市场主体的资本性投入、旅游小城镇相关研究成果日益丰硕等多种因素形成合力作用，推动了旅游小城镇持续稳健发展。在持续快速增长的旅游经济驱动下，许多国内外知名旅游城市（镇）开始陆续在各种媒体上频繁出现而广为人知。这一阶段，一些发展态势良好的旅游小城镇继续保持快速发展趋势，旅游经济在当地国民经济中的比重不断提升，一些旅游经济发达地区将旅游产业作为城镇化的主要驱动产业，例如，依托九寨沟景区的漳扎镇、依托黄龙景区的川主寺镇、依托张家界景区的张家界市、依托凤凰古城的凤凰县等。同一时期，全国各地游客开始青睐一些传统古镇，大规模开发建设旅游古镇成为旅游业的趋势。一些传统古镇由于旅游重新焕发出发展活力，逐渐成为旅游小城镇的一种重要类型，例如，全国知名的四大古城、洛带古镇、街子古镇、黄龙溪古镇等。

此外，随着城市居民休闲需求的增长，一些环绕大城市的小城镇主动适应这种需求，积极为城市居民提供休闲度假旅游产品，逐渐发展成环大城市游憩休闲经济带的重要组成部分，这些小城镇有的通过相对分散的亲子采摘乡村休闲旅游，有的依托大型休闲度假旅游项目得到快速发展，例如，成都周边的龙泉驿、三圣花乡、国色天香、黄龙溪等。

此外，一些发展较早、旅游经济发展较好的小城镇开始关注旅游业的关联带动效应，注重围绕核心旅游产业培育相关辅助和关联产业；一些资源枯竭的工矿型小城镇计划向旅游小城镇转型发展，也开始注意到旅游业的就业带动作用，逐渐加大了对旅游项目和旅游产品的投入。

总体来看，全国小城镇数量逐渐下降，在全国小城镇体系中，旅游小城镇的地位和作用逐渐加大，表现为数量扩张和质量提升，旅游小城镇发展类型和模式多元化、发展战略和格局差异化态势进一步凸显，进一步提高了其发展的成熟度和协调性。

4.创新升级阶段（2012年以后）

2012年，中国经济开始进入新常态，经济进入高质量绿色发展阶段。文化和旅游部大力倡导全域旅游理念，将其嫁接到交通规划、农林业、工业、教育等产业发展规划上，着力将交通干线打造成自然人文风景廊道；将农业打造成休闲农业、生态农庄、森林康养基地，提升农业林业的价值；将工业企业、教育名校打造成研学基地等。鼓励多元主体形成合力，成功打造全域性旅游景区。新型城镇化、全域旅游等新政策的提出和施行也是响应中央供给侧结构改革的战略决策，旨在满足人民群众对幸福生活的向往和追求，提高旅游生产供给能力。旅游产业由于具有就业关联带动效应强，产业辐射范围广，环保生态效应明显，经济、社会、生态、文化等综合效应突出等特点，成为供给侧结构性改革的先行产业，已经全面进入国家"五位一体"发展的各个领域，各级党政领导、学术界、企业界对旅游业的重视程度日益提高。

因此，加大旅游业发展的激励扶持力度，对培育引领新的综合性旅游消费需求、扩大内需，对转变发展方式、优化经济结构、实施供给侧结构性改革，对促进国民经济持续健康发展、实现社会就业稳定、实现城乡融合发展，都具有重大意义。旅游小城镇的转型升级就是在这个大背景下展开的，旅游小城镇作为特色小城镇的一种重要类型被纳入特色小城镇体系内。同时，旅游消费群体消费趋势和消费倾向的变动，消费需求的不断升级和多样化，旅游消费市场的不断细分和小众化，对全国旅游业和旅游产品生产供给体系的供给侧结构性改革提出了更高的要求。依靠旅游产业驱动推进的旅游小城镇自然也面临着同样创新升级问题。国家相关部委联合出台《关于开展特色小镇培育工作的通知》，计划到2020年培育1000个左右各具特色、富有活力的休闲旅游、商贸物流、现代制造、教育科技、传统文化、美丽宜居等特色小城镇。文件中把休闲旅游排在首位。在旅游消费市场变动和国家政策双重推动下，我国旅游小城镇发展也进入到创新升级阶段。全国范围内开展的特色小城镇建设既是新型城镇化大战略的具体化实践路径之一，也是实施乡村振兴战略，实现城乡协调发展的重要抓手。

旅游小城镇已然成为继全域旅游之后又一个旅游热点。从已经发布的两批特色小城镇名单来看，以旅游为核心的小城镇占到了半数以上，旅游小城镇成了特色小城镇的主体。在特色小城镇建设中，突出其旅游功能就成为首要原则，因此必须要针对后现代消费文化驾驭下的旅游消费群体的主要消费特征和体验性心理需求，对特色小城镇的各种资源进行旅游性设计改造，突出其资源禀赋的文化特色、历史传统、艺术风格、科学养生等方面价值，对景观风貌进行设计改造，形成特色文化彰显、体验性独特的，具有独特IP形象和鲜明地方性特色的产品，拓展产业辐射的边界，吸引游客进入，通过极强的流动性旅游创造综合消费需求，给特色小城镇的协调发展注入驱动力。同时，也要提升特色小城镇的生态环境、空气质量和人居环境，形成多样化的休闲业态，构建高效便捷的科技服务系统，能够为民众提供便捷舒适的生活环境，必将在吸引社区参与、带动就业、促进居民增收等方面发挥较强的关联带动作用。

我国幅员辽阔，各个区域经济社会发展差异较大，地区之间收入差距明显，人才、资本的趋利性决定了从低效益小城镇向获利机会聚集的大城市单向流动是长期必然趋势，国家中心城市和省会大中城市由于庞大的经济体量、消费需求和机会聚集量，必将是人才、资本、信息的集中流入地。在这种人才、资本信息等各种资源流向的背景下，特色小城镇只有依靠自然生态环境、居住条件、休闲娱乐设施和服务、特色地方性文化知识体系、便利化交通等优势，才能培育和引入特色产业资源。

因此，在特色小城镇的建设过程中，必须要用旅游开发的思维来建设。特色小城镇的发展是用旅游的理念对小城镇进行全旅游式改造，使小城镇成为一个生产、生活、生态"三生"合一的，宜业、宜居、宜游的社会经济生活空间，形成与中心城市生态、环境、空气质量的比较优势，构建起能够与大城市群、中心城市实现产品互通、协同互动发展的特色小城镇产业体系，生产供给城市群、中心城市民众急需的生态产品、特色精神文化产品、地方性特色农产品，通过与城市群、中心城市之间的产品功能互通互动，实现二者的协同发展和持续优化。

综上所述，旅游小城镇只有发挥自身资源禀赋比较优势，在自身地域性自然人文特色资源的基础上，才能培育和发展自己的特色产业，生产供给具有地方特色，城市群和中心城市民众需要的生态产品、休闲产品等，才能构建起自己的核心竞争力和内生发展力，从而在竞争激烈的旅游市场上凸显特色，稳步发展。旅游小城镇只有立足本地的旅游资源优势，与时俱进，不断创新升级自己的旅游产品，增强旅游产品的个性文化体验功能和身份认同功能，通过构建高中低端产业业态完备，覆盖众多消费群体需求的旅游产品生产供给体系，才能适应政府的政策引导，激励旅游消费市场趋势变动，打造出内生发展能力强、泛旅游产业齐全，能够抵御市场风险、具有独特文化特色的旅游小城镇。

（二）旅游小镇主要开发模式

通过对浙江、云南等地的旅游小镇进行研究，笔者总结出旅游小镇发展的两种主要的开发模式，目的在于表明小镇的创建要根据自身具备的条件和基础来选择合理的方式，从而达到资源利用的最大化。

1. "旅游聚焦"模式

国内传统古镇、第一批旅游小镇大多属于此类旅游主导型小镇，即可用于旅游开发的自然、人文资源富集，但是交通相对不便，经济基础相对薄弱。旅游业是小镇经济发展的核心动力，在政府与企业合作共同开发的模式下，随着小镇的建设发展，旅游功能由最开始的观光休闲、旅游接待过渡到养生、度假、商务等。比如位于北京市密云区山水结合的古北水镇，借鉴乌镇的创新开发模式，在门票经济的运营模式下，又加入休闲度假、商务会议等旅游功能，更好地实现了旅游的精品化与高品质。

2. "产业+旅游"模式

此类旅游从属型小镇本身在产业方面就具有明显优势，旅游业的导入进一步促进产业链延伸，成为品牌推广宣传的载体与窗口。各类产业发展均衡，利用经济基础、城镇休闲区的旅游化升级、城镇公共服务的旅游化运用等带动旅游发展，构建城旅共融、主客共享的旅游特色小镇。

例如，位于浙江嘉善县的巧克力特色旅游小镇——歌斐颂巧克力甜蜜小镇。小镇以巧克力文化为核心，通过展示精致化生产、包装、出售等生产流程，并引入旅游功能，让游客观看精细的生产流程及感受手工制作巧克力的过程，拓展养生游乐、休闲购物等功能，形成巧克力工业旅游与主题乐园相结合的经济综合体。

三、农家乐发展模式

这种旅游发展模式，通常都是以农户自家经营为主，即依靠自家住宅与院落，以售卖经过烹制的特色农产品以及利用周边的原生态风景吸引游客为主要经营模式。一般来说，农家乐通常不会离市区较远，因此适合短期旅游出行。经营方式也分为两种：一种主打民俗文化，以让游客体会特色民族风情、品尝特色农家菜等为主要运营方式；另一种则是让游客亲身参与到农村生活中来，如参与农作物生产以及日常的农村劳作等，让游客远离城市的喧嚣，体验乡村的生活乐趣，是一种改变生活方式的农家乐模式。

（一）农家乐的新机遇

1.推动产业升级

受产业发育、融合模式等因素的综合影响，目前大部分地区农家乐商业模式比较单一，仅仅提供基础性的旅游服务，如餐饮、采摘等，没有紧密联系上下游产业，尚未构建完善产业链条。乡村振兴战略实施过程中，将会扶持推动农村地区生态农业、文化产业、休闲观光产业等各个产业的发展，促进农家乐与相关产业的融合与发展，逐步将多元服务业态构建起来，增强农家乐的发展驱动力。同时，乡村振兴战略也要对生产、流通等纵向环节进行完善，这样农家乐与上下游产业的关联紧密度将得到提升，农家乐产业链条也将显著拓展。

2.加快发展步伐

乡村振兴战略实施中，要求相关行业、居民等全面参与进来，通过地区吸引物要素的充分利用，将更加丰富的体验产品提供给游客，促使游客的个性化、多元化体验需求得到满足。这种全域旅游模式将会对以往的独立发展理念进行替代，而综合带动效应较强的产业则具有良好的发展机遇。农家乐的综合带动性优势明显，既可促进村民收入水平的提高，又可对地区文化遗产进行开发，促使传统文化得到传承和发扬，进而全方位促进乡村社会的发展。因此，乡村振兴战略将会进一步增强农家乐的综合带动属性，农家乐产业的整体发展步伐也会显著加快。

3.优化社区参与

过去很长一段时期内，农家乐的社区参与热情较高，但缺乏完善的机制，不具备较高的能力，影响到农家乐产业的整体发展。一方面，农家乐经营者为获得更大的经济利益，参与积极性较高；另一方面，受地位差异、多头管理等因素的综合影响，农家乐经营者与地方政府、景区公司的沟通渠道并不平等和畅通，难以深入参与社区重大问题决策过程。而乡村振兴战略要求重构乡村治理体制，通过重新部署权力结构，有助于农家乐困境的突破。

4.协同驱动明显

过去农家乐附属于乡村旅游产业而存在，相关部门的重视程度不足，没有将针对性优惠扶持政策制定出来。而乡村振兴战略的综合性特征较强，要求相关部门垂直发力，促进农家乐的发展。乡村振兴战略实施过程中，发改委、农业农村部、自然资源部等相关部门分别从政策、资金、人才等多个角度出台利好政策，显著增强对农家乐的扶持力度。

（二）农家乐的新挑战

1.人员结构不够合理

农家乐发展过程中，需对原住民、外来人员的结构比例合理调整，在保证农家乐发展速度的基础上，避免对农民经营主体地位造成威胁。生活富裕是乡村振兴战略的重要目标之一，原住民则是生活富裕的主体。只有提高原住民的收入水平，方可以将农民工、大学生等不同的人才吸引回来，促使乡村空心化问题得到缓解，美丽乡村建设质量得到提高。但在乡村振兴战略实施过程中，将会持续完善乡村配套设施、提高进入性条件、挖掘经济发展潜力等，进而将更多的外来投资客吸引过来。乡村农家乐产业中进入大量的外来投资客，虽然能够为农家乐产业转型与发展带来良好的促进作用，但也会改变农家乐的经营主体，乡村原住民往往只能扮演服务人员的角色，甚至进一步压缩原住民的生存空间，加剧乡村空心化现象。

2.涉农业态低端

为推动乡村振兴战略下农家乐产业的转型发展，需明确农村二、三产业的定位与融合方式。大部分地区的农家乐具有丰富的涉农业态，但受资金、政策等因素的综合影响，蔬菜采摘、瓜果采摘等仍是农业项目开发的主要形式。外部商业资本具有雄厚的经济实力，具备拓展创新涉农业态的良好条件，但为扩大自身利益，可能将商业地产作为发展的重点，不能密切关注创意农业、科技农业等新型涉农业态的发展。这样虽然可以显著提高农家乐的商业化程度，但却会对农家乐产业的健康、良性发展造成阻碍作用，不利于乡村振兴目标的实现。

3.缺乏乡土性

农村环境是农家乐发展的重要元素，通过农村环境的保护与完善，能够满足游客的观赏需求。但目前一些农家乐为提高档次水平，会在环境改善方面投入较大的精力和资金，房屋硬件设施、周边配套设施等显著优化。这样彻头彻尾的改造，会对农村原生态环境造成严重破坏，导致乡村辨识度显著降低，影响到部分游客实际需求的满足。

同时，改变乡村自然环境后，随之会影响乡村社会的关系、乡风和民俗。出现利益导向取代农家乐经营者的情感导向，导致越来越多的农家乐经营者将短、平、快项目作为发展的重点，不能充分开发和关注乡土文化、传统技艺。

四、田园综合体发展模式

（一）田园综合体高质量发展内容体系

新时代，面对我国经济社会高质量发展的新常态，各行各业的高质量发展研究日益丰富起来，而旅游业的高质量发展也势在必行。2021年中央一号文件明确指出，坚持把解决好"三农"问题作为全党工作重中之重，把全面推进乡村振兴作为实现中华民族伟大复兴的一项重大任务。我国持续将"三农"问题作为全党工作的重中之重，为全面实现乡村振兴保驾护航，而田园综合体作为探索我国乡村振兴的旅游新型模式，其高质量发展的理论研究也日益重要起来，要想真正实现田园综合体高质量发展，首先要对田园综合体高质量发展内容体系的思考基点进行深入阐述，准确把握乡村振兴的总要求，这是田园综合体的成功发展关键。认清高质量发展的本质取向是构建田园综合体高质量发展内容体系的基础前提，并要在深入理解田园综合体高质量发展思考基点的基础上，清楚地阐述其主要内容，找出其运行基本要求，准确把握其在发展过程中的关键要素，进而真正实现田园综合体的高质量发展。

1.田园综合体高质量发展的思考

自21世纪以来，国家多次发布中央一号文件指导"三农"工作，"三农"问题已经成为我国实现中华民族伟大复兴的关键性问题。如果田园综合体是一个点，那么乡村振兴战略就是一个面，必须以点带面，以面引点。立足乡村发展，田园综合体就是乡村发展的高效突破点，要想实现乡村全面振兴，田园综合体的可持续性发展就成了关键，而田园综合体的建设主要体现在现代农业、休闲旅游、田园社区这三个方面的发展，因此，必须处理好这三个方面的协调可持续发展。

目前，我国经济已经进入到高质量发展阶段，高质量发展的出现正是对可持续发展的进一步转型升级，高质量发展必须处理好可持续发展的协调度、持续度、发展度等相关问题。从乡村扶贫工作的圆满结束到乡村全面振兴的发展过渡来看，乡村已经从外生发展转入内生发展上来，产业涉及"三生三产"，创新管理、科技技术等，休闲涉及大旅游、大数据、体验度、匹配度等内涵，社区本地人、外来人、流动人和谐共居。田园综合体的高质量发展就是要处理好现代产业、休闲旅游、新型社区这三个方面的协调可持续发展，同时还要有理念、规划、融合、科技、管理、创新、共享等具体内容的支撑。

2.田园综合体高质量发展的内容和要求

①田园综合体高质量发展的内容

在我国田园综合体的发展实践中，首先会想到的就是江苏无锡阳山田园综合体，它倡导新田园主义文化生活，更是被中央一号文件解读其发展模式，成为发展乡村新兴产业的亮点示范。随后，在中国首批田园综合体项目试点中，浙江鲁家村田园综合体，抓住自己多样化家庭农场的特色，实现家庭农场产业融合，以及人居环境的协调发展；海南省的亚龙湾·国际玫瑰谷主题园田园综合体，以玫瑰花为主题，实现了高端农业种植、休闲体验、共建共赢的乡村主题田园综合体发展模式。可见在田园综合体成功实践发展过程中，都较注重产业融合、休闲体验、人居环境等的建设。

新时代乡村振兴战略已成为当下我国乡村发展的主导战略。在完成全面脱贫目标的基础上，实现乡村振兴与城乡协调发展，是全面建成小康社会的基本要求，这也阐明了实现乡村振兴成为田园综合体高质量发展的题中应有之义，而田园综合体的高质量发展正是为了实现乡村的高质量发展，那么田园综合体实现高质量发展也即实现乡村振兴战略总目标（产业兴旺、生态宜居、乡风文明、治理有效、生活富裕）。鉴于田园综合体的最初发展理念及其成功实践发展模式，以及田园综合体高质量发展内容思考，田园综合体高质量发展应该是在生态文明、乡朴美学、以人为本思想指导下，坚持绿色生态发展理念，以政府主导、科学规划为指引，基于乡村自身特色优势和市场需求，创新开发旅游产品和衍生产业，与现代科技对接，走集约高效农业之路，满足人们日益增长的对美好生活的需求，为城乡居民文化交流、休闲互动营造一个安全、生态、美好的社区体验，实现三产融合、三生统一，既有绿水青山又有金山银山。

田园综合体高质量发展主要内容应包括三个主题板块，即现代产业、休闲旅游、新型社区，其中以现代产业为主要支撑，休闲旅游为发展辅助，新型社区为终极目标。

现代产业是田园综合体高质量发展的基石。产业兴旺则乡村兴旺，国家之所以鼓励发展建设田园综合体，就是想助力城乡一体化发展进程，让农民享受到发展红利，而现代产业就是实现乡村全面发展的支柱引擎。那么在田园综合体高质量发展过程中，高质量发展注重的集约高效，现代产业也必须重视起来，特别是在产业薄弱的乡村，只有做到三产融合，才能建立强大的产业体系，尤其是随着高科技的进步，所有产业都应该与科技对接，做到与时俱进。还有最关键的一点就是人才的培养，人才是产业发展的核心，培养优秀人才是现代产业兴旺的关键动能。因此现代产业方面包括三产融合、集约高效、人才培养、与时俱进、科技对接五个发展要求。

休闲旅游是田园综合体高质量发展的活化剂。休闲旅游起到旅游融合作用，旅游业本身就是一个大型融合活化剂，涉及各行各业的运行，休闲旅游可以起到盘活资产的作用，对于现代产业的产业融合也有很大的促进作用，在田园综合体高质量发展过程中地位相当重要。那么在乡村休闲旅游方面，要想实现高质量发展，一定要考虑到供需匹配问题，使内外部运行环环相扣不会脱节。同时面对我国人民对美好生活的需求，休闲旅游一定要是美好的体验，这就需要一个科学的规划，还应该是具备特色创新的规划，不能雷同复制，失去个性特色，而这一切的发展，都应该是绿色生态的，因为绿水青山就是金山银山。因此，休闲旅游方面包括绿色生态、美好体验、科学规划、特色创新、供需平衡五块发展内容。

新型社区是田园综合体高质量发展的落脚点。习近平总书记曾说过，要让农业成为有奔头的产业，让农民成为有吸力的职业。为的就是实现乡村振兴，让农民过上幸福美好新生活，而新型社区就是实现这一生活的有效途径，在新型社区中，本地居民、外来人口、乡村创客等都能体验到新型社区的魅力。那么在田园综合体高质量发展过程中，就是要建立一个乡风文明的乡村，要重视乡风文明建设，随着田园综合体的发展壮大，乡村新型社区势必会有多元主体的存在，那么共建共享的社区生活机制就尤其重要，同时，之所以是新型社区，里面的生活主体一定要具备创新创业精神，内发自生能力，形成良性循环动力，才能持续真正地过上生活富裕的幸福美好新生活。因此新型社区方面包括乡风文明、生活富裕、创新创业、多元主体、城乡和谐五个发展目标。

②田园综合体高质量发展的基本要求

上述田园综合体高质量发展的主要内容，把田园综合体的高质量发展内容清晰地具体到了三个大主题、十五个细致的内容指标，是田园综合体高质量发展的理论指引。那么进一步从实践发展来看，尤其是在乡村振兴战略目标的背景下，田园综合体的高质量发展应该满足以下基本要求。首先产业要兴旺，产业是田园综合体高质量发展的基石，其次旅游要持续，休闲旅游持续发展才能活化带动其他产业的持续高质量发展，最终实现乡村社区的幸福发展，人民幸福是我国一直以来的目标定位，与此同时，生态也要文明，因为生态文明是发展任何事物的理念指引。

产业要兴旺。高质量发展是我国经济发展的新阶段，它要求我国经济发展由粗放型向集约型转变，从数量增加到质量提升转变。而作为田园综合体的高质量发展，产业要兴旺起来，首先不应该只关注量的积累，更应该看重质的提升，实现三产深度融合、集约高效发展。产业的发展规划不能盲目模仿复制，追求短期利益，根据自身资源特色基础，合理规划开发，做大做强做精，丰富产业类别，扩大产业体系，利用产业带动乡村富裕。同时利用田园综合体优势，实现三产深度融合，与第一产业深度融合，依靠乡村得天独厚的资源优势，成为田园综合体发展的独特亮点，与第二产业深度融合，在收益的同时还能起到文化传承的作用，与第三产业深度融合，以文彰旅，以旅促文。

同时，在实现三产深度融合各个环节中，要特别注重农业的优先发展，因为农业是农村最大规模的产业，农业兴旺起来，农村的现代产业才会真正兴旺起来。重视人才支撑、科技研发、创新驱动、绿色生态、特色品牌等关键方面的附加作用，使农村各个产业、各个方面都真正兴旺起来，才能真正实现田园综合体的高质量发展。

旅游要持续。旅游要持续发展，首先要以供需平衡、特色创新为基础，新时代，随着我国社会主要矛盾的转变，人民对美好生活的需求越发浓厚，同时也赋予了旅游业新使命，即推动旅游业高质量发展，满足人民对美好生活日益增长的需求，因此，田园综合体高质量发展应该以人民的需求为基础，来匹配自身的供给开发，做到精准对接、有效供给，最终达到供需平衡，同时还必须以田园综合体的自身特色优势来创新开发，田园综合体有独特的田园生活体验，有中华民族优秀的文化传统，有高端农业的产业园区，有人们向往的心灵休闲愉悦等，都是自身的特色优势。精准对接游客们不断变化的旅游需求体验很重要，保持自身的特色优势，深挖特色创新发展也很重要，这是实现田园综合体高质量发展的基础。其次要做到与时俱进，与现代科技相对接，随着我国高科技、大数据、互联网技术水平的不断发展，智慧旅游、云旅游时代已经来临，尤其是经历了新冠疫情影响的旅游业，田园综合体高质量发展更应该是化危机为机遇的与时俱进的，在服务好线下空间移动发生的旅游行为的同时，与现代科技相对接，运用互联网技术、网络直播平台和媒体终端，开发线上旅游线路和线上旅游产品运营，给有个性化需求的游客提供智慧自助旅游设施平台，任何一个事物都应该与社会同进步，顺应时代潮流，才能实现田园综合体的高质量发展。

社区要幸福。田园综合体的产生发展，不只是源于人们对新田园主义生活的向往，还源于城乡二元结构的发展不平衡，以及明显的贫富差距，我国需要这种新型乡村发展模式，来带动农村生活的美好、农业产业的强大、农民生活的富裕。我国是农业大国，农村人口众多，解决好"三农"问题，实现乡村振兴，是人们伟大的奋斗目标，而且田园综合体本身一路发展到现在，已经成为解决"三农"问题、实现城乡协调发展的重要抓手，因此，田园综合体高质量发展应该以"三农"富强美、城乡协调发展为目标，让社区的人们过上幸福美好的新生活。

让社区的人们过上幸福美好的新生活，一定要有安全、生态、美好的生活体验，不管是原始居民还是不定期居民抑或者是游客，每一个来到田园综合体社区休闲的人，都有回归心灵的体验需求。那么田园综合体社区高质量发展更要注重情怀打造，给社区居民及外来人员一个安全、舒适、美好、原生态的生活休闲体验。首先，社区生活应该是安全的，如果连安全都无法保证，再美好的生活体验也会让人望而却步；其次，田园综合体的社区必须是原生态的，看得见山，摸得着水，呼吸得了新鲜空气，处处是清新和舒适，让人身心愉悦，同时它应该给人们一个美好的生活体验，基础设施要便利，原生态体验要美好，农民要富裕，社区文明水平较高。田园综合体的高质量发展，是一个原住民、新住民、游客交流互动，美美与共的创新生活社区，只有这样才能真正满足人们日益增长的对美好生活文化的需求，让在这个社区里的人们真正幸福起来。

生态要文明。党的十九大报告中提出，要树立并践行"绿水青山就是金山银山"的思想理念。随着我国进入高质量发展的新阶段，生态文明建设亦上升为我国的大计。

因此，作为与乡村自然旅游资源息息相关的田园综合体高质量发展探索，绿色生态文明发展的理念必须要树立起来。只有树立好正确的理念指引，才能保证在发展建设的过程中，始终不忘绿色生态文明的初心，把绿色生态资源当作自己的生命一样来对待，人人树立生态文明观，平衡好保护和开发的关系。只有保护好田园综合体的绿色生态资源，为其高质量发展打下坚实的基础，才能实现田园综合体更绿色、更高效、更优质的发展。

（二）田园综合体典型发展模式

1.德国市民休闲农庄

休闲农业的发展始于市民农园，其发源地德国也是全世界最先拟定相关法律规范的国家。市民农园始于贵族为享受栽培乐趣而在自有地上进行的园艺活动。有组织的市民农园兴起于莱比锡，目的在于借助园艺活动提升身体素质，缓解工作压力，节约生活开支。

市民农园兴盛的背后反映出19世纪欧洲工业化、城市化趋势下农村大量人口涌向城市而引发的社会冲突。为了改善现状，当地政府向市民提供果菜园让人们自给自足来维持基本生活需求。直至"二战"结束，市民农园一直作为食物的供应来源，逐步兼具实用性与观赏性。

德国政府先后出台《联邦市民农园法》等政策法规，旨在对市民农园的种植区域、占地面积、果园设施等实行统一化标准管理。其中，建于1910年的"曼海姆南部小果菜园协会"向政府租用土地，借助广告公开租赁，各协会基于承租人自身意愿在园内种园艺作物和农副产品，养鱼或开展庭院式经营，所得农产品仅供自用或分享。该模式发展的主流趋势已从过去单一化强调生产经营拓展为发展多样化农事体验。目前这种模式仍在运作，并吸引日本、欧洲各国纷纷仿效。

综上所述，德国市民农园在不同时期的作用各异。从仅用于解决食物供应、满足人们基本生活需要发展为借助农事体验满足身心健康的双重需求。依靠德国发达的职业教育，市民农园也成为当地学校带领学生充分参与、体验农事乐趣的重要场所。在农园内开辟的教学实践基地，既能现场教授，对学生进行农业知识科普，让学生参与农业实操体验，还能够提升种植者的专业技能，实现了农事、园艺、教育等的自由沟通和融合。更为重要的是，可实现都市郊区闲置土地资源的高效再利用，为城市营造出良好的区域环境，被列入城市生态景观建设的重点项目之一，充分发挥了现代田园综合体的生态涵养功能。

总之，德国市民农园式的田园综合体模式是城市与农业相互依存、共同发展、不可割裂的真实写照，对后来生产、生活、生态"三位一体"的模式具有良好的借鉴意义。

2.日本Mokumoku联合体农场

随着日本城乡间的差距日益拉大，城乡双方对交流、合作的需求也越来越强烈，农村作为城市资源的供给来源，农产品市场潜力巨大，且有德国市民农园作为范式，在内外因素的共同促进下，日本市民农园开始出现和发展，其常见形式为单体农户小规模经营。其中，Mokumoku农场便是一种较为成熟的田园综合体的典型代表。随后，日本政府先后制定和颁布了许多法律法规，并完善了一系列相关政策方案，加强对农户的引导并加大财政扶持。位于日本三重县、源于农户养猪的经营联合体的Mokumoku农场，其特点在于集自然、农业、猪为一体。这种形态的田园综合体将功能拓展至农业教育、农事体验、乡村旅游等多重方向。其主体功能区划分为农业生产区、休闲娱乐区、餐饮住宿区、消费购物区，各区相互联通形成辐射关系网。同德国类似，该农场也将经营联合体作为经营主体，在保障农业主体地位的同时与二、三产业有机结合，延长了产业链，提升了相关农产品的附加值，成为实现良性生态目标的绿色农业发展经济体。

该农场将自营农园和牧场作为主要供应来源，旨在保证高效生产的同时保留原始乡村的生态感，与周边的生态环境相融合，给体验者以亲切感和归属感，营造出宁静、安详的田园氛围。该农场还提出"从农田到餐桌"的点对点的供应模式，缩短了农户与消费者之间距离的同时也确保农民充分享有对自己产品的定价权。

此外，每件农产品都与生产者一一对应，便于责任到人，确保农产品品质，提升了消费者对产品的信任度。进一步将原本单一化的农产品加工厂延伸为啤酒厂、烘焙工坊、香肠主题馆等多类体验区，在提升农产品附加值的同时也使得农产品价值获得了更高的提升空间。

此外，将加工厂巧妙地包装成各式主题体验馆，引导游客参与骑马、挤奶、喂羊、参观香肠加工厂、DIY面包、蔬菜采摘、品尝鲜酿啤酒等农事体验活动，将农产品体验、休闲式体验、科普化教育三合一，兼顾农业的多重功能，充分展现田园综合体多功能性兼顾的经营优势。

日本重视民间力量与政府适度的财政支撑相配合，为其进一步构想提供资金保障。开发过程中强调生态保护与当地居民的主动性，避免过度突出经济利益而造成对农民实效与生态效益的忽视。这点中国尤为值得借鉴，有利于改善先污染后治理的局面，降低生态维护的后期成本。随着绿色农业的外延和内涵的不断延伸和继续深化，日本采取自动化、智能化的生产方式，利用信息网络管理生产经营，也与当前中国所提倡的"互联网+"模式相适应；且由于日本与中国同属亚洲，地域、人文环境也较为相近，故对中国农村具有较大的借鉴价值。

3.美国休闲体验农园

美国在田园综合体发展中也以农园体验为主，主要采用农场和社区合作互助的方式，由城市居民与乡村农民双方共同参与，秉持双方风险与盈利共担的原则。根据协议，农园所提供的农产品必须保障食材品质并享有低于市场价的优惠折扣，稳定市民需求，保障农园所产农产品有较稳定的销售量，激发生产与消费环节的活力，实现双方共赢。

美国弗雷斯诺（Fresno）农业旅游区被分为农业生产区和休闲观光农业区两部分，突破了传统农业模式，构建起综合服务镇+农业特色镇+主题游县的立体结构。综合服务镇体现出显著的交通优势，有健全的服务设施。农业特色镇则成功创造了规模化的农业种植平台，产销游三方相互依托、相互促进。其中，产销能力强者高度强调生产销售，基础设施完善者注重整体服务，生态环境佳者则突出农业休闲度假，重视体验性，同时全面面向市场，积极发展农业体验，完善配套设施，强化农业软实力。此外，还可以利用当地特色节日与风俗开展活动增加品牌影响力，避免农产品单一化，强调区域特色。

4.法国专业化艺术庄园

法国自农业旅游兴起以来，将农场经营作为休闲农业的核心，这种因地制宜的发展方式使法国农业实现了快速发展。专业化经营成了此类农场的共同特征。例如，以薰衣草著称的乡村度假区普罗旺斯，借助薰衣草这一名片走向世界。这在很大程度上得益于当地日照时数较长，为薰衣草提供了适宜的生长环境。定期开展的庄园活动中更是蕴含着独有的艺术氛围。法国通过集合各方非政府组织力量作为休闲农业进一步发展的有力保障。具体来看，相关行业标准的制定是在行业协会与政府的共同努力下完成的，该标准以农场经营为核心，帮助快速发展休闲田园式农业。

5.无锡田园东方田园综合体乡村旅游

田园东方田园综合体是国内第一个田园综合体项目。由东方园林产业集团投资建设，位于无锡市阳山镇，规划总面积416.4公顷。东方田园融合了现代农业、休闲旅游以及其他产业，倡导人与自然的和谐融合与可持续发展。提倡共生理念，将手工业、农业、服务业、产品加工业与生产生活相结合，实现乡村休闲旅游和乡村生活有机结合。作为一种新型的城市化实践促进了城乡文明的互动，促进新的城市化进程，促进农业转移，使得农业人口充分就业，有力推动了城乡经济协调发展，促进了繁荣和农村发展。

田园东方综合体乡村旅游成功经验体现在以下方面：一是农业本身盈利。通过发展特色休闲活动，以农村田园风光、农事集体生产活动以及特色农产品为吸引物，开发如农业（农耕）旅游、花卉观赏旅游、渔业旅游等形式，引导游客旅游意愿，满足游客归隐山林的心理需求。通过项目的运营，运营企业以优质的农业、休闲旅游和房地产产品来提高品牌价值，成功建立品牌后，继续扩展品牌的产品线，扩展品牌的影响力，并以此增加品牌附加值。二是共享客源盈利。在项目管理过程中，充分利用本地区其他旅游景点，积极与周边旅游项目和景点开展各种形式上的合作，实行门票制度和会员优先制度，共享包括客流、宣传、异业活动等各类资源。最大限度争取游客的兴趣与游玩时间，使得利益最大化。这种利润模式要求整合该地区所有休闲旅游业，促进连锁销售，并实现资源共享和利润共享。

6.苏州太湖国家湿地公园旅游

太湖周边地区湿地资源丰富，湿地公园众多且同质化现象严重，在对太湖国家湿地公园旅游开发过程中，园方以产业链带动价值链，构建太湖国家湿地公园独特品牌，以湿地水岸景观为主要视觉要素，充分利用湿地自然资源，打造以观光游览为核心，兼顾休闲度假、教学科研、农产品经营等多业态并行发展的产业模式，同时构建了以自然+文旅+农业一体化的湿地旅游品牌。首批建设的游湖中心区域总面积226公顷，其中水面面积就占到了所有开发面积的70%以上，主要通过修复重塑、造景，建设生态走廊让游客亲近自然，结合苏州独有的人文特色，向游客展现太湖渔文化、苏州刺绣文化、江浙农耕文化。整个湿地公园以水面景观为引，以人文景观为核，打造集旅游观光、生态休闲、科普教育于一体的湿地公园，吸引游客的到来。

五、特色产业带动发展模式

（一）村社合作带动模式

村社合作带动模式是自下而上探索出的一种有效模式，为达到集约土地、资源等要素的目的，村组织牵头成立或引进合作社，对本区域内的农户本着自愿的原则参与入股或入社劳动获得盈利分红，这样一来，对内减少与农户的沟通成本，可以更高效快捷地提供劳动力，对外可形成统一整体也有利于生产要素的集中、品牌化的建设等。该模式在脱贫攻坚的实践中为贫困地区提供了诸多集中资源发展集体经济的途径，形成多种可借鉴落地的典型模式。

（二）物流创收带动模式

物流创收带动模式源于大城市城中村的物流经济，由于基础设施建设完善，受城市经济辐射强，较多临近城市的乡村将集体所有的自然资源以及闲置的小学、厂房等固定资产，以租赁的方式获得租金，从而增加村集体经济收入。在此基础上，借助当地特色产业的天然优势，以物流经济为手段，充分利用政策扶持兴建厂房、仓储等转租给他人收取租金，从而达到壮大集体经济的目的。

（三）农创+文创带动模式

农创+文创带动模式，即围绕良好的乡村生态环境及以某一具有唯一性的文化特色为基础，依靠创意人的智慧、技能和天赋对文化资源进行创造与提升，产出具有高附加值的产品和就业潜力的产业，以此来表现特色乡村旅游、文创项目集群、创客聚落、乡村振兴的新模式。在实际表现形式上，主要有艺术家、文旅创客项目、创意产业园区、创客院落、环村林园保护区等多元素组成的新型乡村产业集聚。

（四）村企合作带动模式

村企合作带动模式是指村庄在拥有一定的自然资源、特色产业等优势的基础上，通过招商企业来撬动更多的资金与技术支持实现合作与共赢。针对村企通常可采取五种入股方式：一是资金、土地、厂房等资产入股，企业提供资金、技术、服务；二是村企联合成立新公司或企业；三是村集体以资金、土地入股到企业，参股合作，获取年终分红；四是将村集体成立的合作社转包给企业经营，企业以资产抵押，按一定利率给社员分红；五是村集体以固定资产投入到企业，不管企业盈亏，每年按商议比例分红。但需注意的是，村企合作受企业自身财力、管理运营水平、不平等合作协议等因素的影响，有一定风险。

第三节 乡村旅游资源的分类

一、乡村旅游资源特征

相较于其他性质旅游活动中的资源，乡村旅游资源具有独一无二的特征。首先，它具有内容上的丰富性。乡村旅游资源的构成中既有自然资源，也有人文资源，既包含物质成分，也包含非物质成分。多元的资源类型及内部的多种组合形式，使得乡村旅游资源出现内容丰富、类型多样的特征。

其次，它具有地域上的差异性。不同地域的自然环境与社会环境使得乡村旅游资源特色各异。不同的地理环境，在气候、水文、土壤、生物等多因子的影响下，呈现出不同的自然与农业景观；而受政治、经济、宗教、文化等人文环境的影响，又形成了不同的乡村民俗文化。

此外，它还具有时空上的季节性，这既表现在乡村田园景观随四季而呈现出色彩等意象上的变化，也表现在受四季影响下的人们农业生产、社会生活的规律性、周期性变化。

二、乡村旅游资源分类

目前，学术界尚无针对乡村旅游资源的具体分类标准，若全按照《旅游资源分类、调查与评价》国家标准来划分的话，将无法最大限度反映乡村旅游资源特有的属性和特色。参考国标的类别体系，即主类—亚类—基本类型，在此基础上梳理、整合主、亚类。按照资源特性来分类的话，乡村旅游资源虽可参照前人研究直接分为自然资源和人文资源两大类，但本小节是紧紧围绕田园综合体建设所聚焦的"三农"问题而展开，故结合田园综合体的属性与乡村旅游的乡村性本质，将乡村旅游资源分为乡村生产、生活、生态三大类资源，这样分类既能够涵盖乡村旅游资源的各个方面，也更具有实践意义。

主类可以分为乡村旅游的生态、生产、生活三大类，其下结合国标分类与乡村景观要素考虑，生态资源类分为地文、水域、生物、自然资源四亚类；生产资源类根据农业生产的类型和活动分为种植、养殖、农具、农耕活动四亚类；生活资源类可分为四类，前三种亚类是具有实体景观的聚落建筑、历史遗迹、特产工艺，后一类的民俗活动属非物质性资源，在景观建设中需要一定的景观载体。

第四节　乡村旅游IP资源开发的策略

一、乡村旅游资源的开发原则

（一）开发建设原则

1.以人为本，共建共享原则

田园综合体的主体是人，拥有足量的客源才能够保证其正常运作。乡村因较为偏僻的地理位置，与广阔外部世界存在一定的交流阻碍，若想吸引客源便必须要优化交通、通信、物流和信息方式，从各个方面提升乡村地区的可达性；田园综合体的建设要以人为本，分析不同人群的使用需求，有针对性地设置活动项目，优化使用体验；在社区建设中要在结合乡村特性的基础上参考借鉴城市社区建设经验，开展丰富的公共活动，积极调动居民和游客的积极性，让各类人群都能够积极参与到建设中来，让田园综合体真正地"活起来"。

2.农业先行，产业融合原则

田园综合体的本质在于一个"农"字，"农村"上改善生活设施，城乡协同发展；"农业"上集中土地利用，提高生产效率；"农民"上提供多种就业岗位，吸引劳动力，提升素质，创造收入。在田园综合体的建设过程中要优先开发农业资源，确保农业产业的生产性；继而整合人文等其他资源要素，促进三产深度融合，使得城与乡、工与农、现代与传统在田园综合体中能够相得益彰。

3.因地制宜，特色突出原则

田园综合体的"魂"是当地历史悠久且富有地域特色的农耕文化，若忽视掉这一核心的"魂"，所有的建设项目都会是一个样。田园综合体是传统文化的载体，规划的各个环节都须充分挖掘文化内涵并与之紧密结合；田园综合体还是文化创意的孵化基地，它能够为当地传统文化锦上添花，让其发扬光大，规划时要充分了解现代人的生活方式和市场需求，利用当地特色资源为游客定制独一无二的田园体验。

4.生态优先，可持续发展原则

田园综合体是国家绿色发展理念践行的生动案例，其建设要始终坚持生态优先、"三生"统筹的原则。田园综合体的规划应基于乡村原有的生态景观，以生态学的原理和手法进行设计建设，尽量降低人工干预程度，实现原有自然景观延续；建立循环农业模式，构建完善的生产、生活循环体系，使田园综合体成为可持续的绿色发展模式。

（二）开发动力模型

田园综合体作为一种商业模式，其市场运作需要供给侧和需求侧的共同作用来完成。要保证田园综合体可持续发展，需要梳理田园综合体开发的供求关系，构建田园综合体开发的动力模型。

要实现田园综合体的产业升级，需要国家、企业、群众的多方面支持与参与，其开发建设离不开国家政策、企业的产业投资和城乡居民的使用需求等各个方面的支撑。因此，田园综合体的开发建设需要结合供求考量，实现乡村供给侧和的需求侧的协同作用。

二、乡村旅游资源开发的景观营建

（一）乡村生产资源的景观营建策略

田园综合体中生产用地的比例、质量和地位相较于其他建设模式都要高，故把握各类农业资源特征、了解生产资源所蕴含的游憩机会，对规划具有地域特征、游憩吸引力的农业经济旅游景观有积极的促进作用。

1.多元化营造

田园综合体中的生产景观具有多元化的特点，营造多元化的生产景观能够提高田园综合体的核心吸引力。在规划设计时，不仅需要对资源本身进行生产性质的规划，更需要提炼生产资源的特性，开发资源所蕴含的游憩机会谱，进而对生产游憩活动所需要的场所进行设计。

乡村生产景观的要素类型与广义上的农业生产类型相对应，包括农田景观、林地景观和养殖景观。

①农田景观

农田景观是最为典型的生产景观，它以田为载体，是具有浓厚乡村性的景观类型。农田的种植方式决定了这类景观具有极强的几何特性，其景观性还在于所具有的丰富的动态，其色彩、质感、气味、空间，都随季节而变化，因气候、地域而富有多元差异。常见的农田作物可具体分为粮食作物类、瓜菜作物类、药材类、花卉类和茶类，不同类别作物的特性决定了其作物的景观营造方式。

②林地景观

其次是占据重要地位的林地景观。生产景观中的林地景观主要包括果林和经济林。林地景观常见于生产景观之中，作物的生态型与使用功能的不同使得它与农田景观有着显著的不同。

③养殖景观

养殖景观主要包括渔业景观和畜牧业景观。不同于作物，具有鲜活气息的动物和养殖场所使其成为乡村生产景观中独特的景观类型。室外的养殖景观具有视野开阔的特点；相较于其他生产景观，养殖景观的旅游参与度也更高，产业链的延伸也更长，是产学结合的优良载体。动物鲜活的特性相较于植物更有艺术创作的特质，在最近兴起的文创产业中占有一席之地，甚至能成为一个项目的主题。

2.现代化升级

现代农业是田园综合体的立身之本，推动生产资源的现代化能够积极推进乡村旅游的创新化提升，使田园综合体呈现出新时代的新风貌。现代农业是在先进科学与技术全方位渗透前提下的健康农业、有机农业、绿色农业、循环农业、再生农业、观光农业的统一，是新常态下的农业生产格局。现代农业的升级，使农业土地上拥有更多产业升级的可能性，在田园综合体中打造现代农业景观无疑增强了对城市人群的吸引力，而其中蕴含的现代农业技术更是天然的农业教育课本。

生产现代化除农业设施现代化之外，生态农业也是乡村振兴中大力提倡的现代农业模式。生态农业利用生物链的原理，结合农产品的多级开发手段，以增加农产品的附加值或"废弃物"的利用价值。

（二）乡村生态资源的景观营建策略

1.功能性划分

田园综合体中的生态景观依据乡村场景的不同，具有不同的生态、游憩等功能；把握不同的乡村空间特征与功能需求，对生态景观进行功能性划分，有益于田园综合体生态资源的综合性开发。田园综合体中常见的生态景观有植物景观和河道景观两类。

①植物景观

依据乡村空间的不同，植物景观在功能上可分为保育型植物景观、生态游憩型植物景观和游憩型植物景观。

一是保育型植物景观。该类植物景观多在乡村原生自然基底上进行营造。保育型植物景观强调自然属性，是田园综合体中蕴含生态资源最丰富、最集中的一类景观，它在功能上起着保全生物多样性和生态系统完整性的作用。在景观塑造上，保育型植物景观所在的生态区域应保留丰富的自然地形和乡土植物，利用丰富的地形和乡土植物丰富的种类、色相及形态变化，打造四季变化有致的乡村生态景观基底；在景观空间上，保育型植物景观对自然环境呈开敞状，对人类活动呈郁闭状；在具体的植物选择上，对于有必要进行植被恢复保育的地区，应参照当地的绿地系统规划或其他生态指导文本，选择具有实践经验的农林绿化，依据生态基底合理配比落叶与常绿植物、确定乔灌草的复层结构等。

二是生态游憩型植物景观。该类植物景观同样多存在于乡村原生自然基底上，不同的是，该类植物景观在保护自然风貌的基础上允许设置小范围的人类活动空间，用于开展自然教育活动和低影响的游憩活动。在景观空间上，生态游憩型植物景观呈现出较开放至半郁闭的状态，人类的活动呈现出低影响性的特征，如营地观星、野炊、自然教育等。在具体植物的选择上，基于人类活动的特征以及安全性考虑，在遵循适地适树的原则下，宜选用单干型、分支点高，能形成较宽阔的林下空间的树种；在部分私密空间营造时，仍可适当选择紧凑型灌丛植物加以塑造。

三是游憩型植物景观。该类型是自然属性最弱、人类活动最频繁集中的一类植物景观，是生态资源与其他两类资源相互协调的一类景观。游憩型植物景观的营造要求其契合人类的游憩活动特征，在空间塑造上要求视野开阔、空间开敞、景观多元，能容纳大量游客的短时间停驻，满足大部分游憩需求以及各类游憩项目设施的建设要求。在具体的植物选择上，在遵循突出田园综合体主题的原则上，需根据不同游憩空间的主题或功能决定。

②河道景观

河道景观依据乡村空间的不同，在功能上可分为保育型河道景观、功能型河道景观和游憩型河道景观。河道景观的开发依托河道衍生带、驳岸和断面展开，它们具有季节性的景观性质，是河道景观生态设计的重点。

一是保育型河道景观。该类河道景观多存在于人为干扰少、生态系统较为完整的乡村生态空间中，其河道衍生带多为自然生长的乡土植物群落且具有较高的稳定性，驳岸呈现自然状态。对该功能型下的河道景观进行规划设计时，应以保护和稳定河道堤岸、维持生态系统稳定为主要目的。

景观空间上，河道衍生带对人呈封闭状态，人的行为活动应尽量置于衍生带外；驳岸的设计上除了可选择通过在基底表面直接铺设卵石、细砂、种植草皮等方式构成自然原型驳岸之外，在水量变化较大的地区，也可选用石材等提高坡面的抗冲蚀能力，坡脚可选用松木桩、石笼和浆砌石块等筑堤，衍生带根据现有生物群落补充或恢复复层植被，提高堤岸抗洪能力。

二是功能型河道景观。该类型河道景观多依托于农业生产空间之中，其主要作用为灌溉和排水。河道的驳岸和断面结构都较为平整清晰，往往采用人工式驳岸，若河岸至河床落差过大且没有足够空间，可采用直落式，但景观上存在缺陷；若有足够的空间，为解决季节性降雨差距带来的景观问题，河道断面可采取多层台阶式（复式）断面结构，使低水位线上能够保持一个连续的蓝带环境，为鱼类生存提供基本条件。河岸衍生带中的植物种植也应同驳岸景观一致，进行整齐划一的规划种植，如选用中小型的河岸行道树和绿篱等，烘托功能型河道景观的线性特征。

三是游憩型河道景观。该类型河道景观的主要功能是河道绿化及休闲游憩，其营造重点在于河道衍生带的开发利用，其景观空间与前两类相比，对人呈现出较强的开放性。河道衍生带复式的驳岸设计能为大众创造多种游憩条件，如慢跑、徒步、骑行，稍宽的地段还可进行野餐、露营等活动。同时，在保护河岸生态的前提下可适当建设滨水游步道、栈桥、平台、石矶等亲水游憩设施以提高游人的体验感。植物的选择上可利用丰富的湿生、水生植物如芦苇、水蓼等，打造活泼明快的游憩型河道景观。

2.低影响开发

生态环境的整治建设要遵循低影响开发的原则，人为干涉不宜过多，内容以整治提升环境设施为主。

①规划慢行空间

"慢行"这一游憩行为相较于其他游憩行为而言对环境的影响较低，规划慢行空间是田园综合体中对生态资源开发利用的一种较为适宜的方式。

生态资源主导下的慢行空间景观设计重点关注交通空间、休憩空间、景观表现三个方面。在交通空间上，通常由步行道、自行车道以及综合慢行区三部分构成。规划中需充分考虑慢行者不同的行进速度，结合道路分级，为各类慢行者划分出相对独立的慢行道路空间。

休憩空间结合慢行道路设置，使用方便，同时结合道路景观绿化达到隔离、减弱噪声的目的，形成相对安静、私密的休息空间。根据慢行空间中主导生态资源的不同，其景观表现还可以通过主题风格与环境氛围的营造加以体现。将主题或特色设计概念融入漫行景观的设计中，尤其对于拥有特殊资源的田园综合体来说，可使慢行景观更具整体性，并符合环境氛围。

②设置生态景观设施

生态景观设施通常结合游客的游憩行为需求，设置在具有一定景观游憩价值的生态环境之中。其材料多采用归属于环境本身的构成部分，具有环境友好的特质。

（三）乡村生活资源的景观营建策略

1.表达性开发

乡村生活资源的表达性开发策略是针对外来游客的游览体验提出的。乡村生活资源的表达手法通常有延续、再创和整合三种。延续，即保留原有场所的形态及特征，通过场景重现的形式，使历史得以延续与流传；再创，即从传统生活资源中提取具有代表性的传统景观元素，将其与现代景观元素融合重构，使得新旧景观相互协调，创造出新的秩序与美感；整合，从各类生活资源原型中提炼出多种符号元素进行叠加整合，或将最具资源代表性的符号元素大量、重复地利用，增强游客的场景感。

生活资源包括具有实体的物质性景观，如聚落与建筑、历史遗迹、特产工艺，也包括没有实体的非物质性资源，如人文民俗活动等。针对田园综合体中具有典型性的物质与非物质的生活资源分别提出其开发建设的景观策略。

①历史遗迹

历史遗迹是地域的文化宝藏，具有极为重要的文化传承性。对于标志性、纪念性的遗迹，如旧炮台、纪念碑等，应给予就地保护，并划定周围一定的区域为保护范围，进行适当的景观建设以方便人们参观学习；对于还保留有使用功能的建筑类遗迹，可进行结构、外观的修缮，就地改建为"活着的博物馆"，以保留场所精神。

②聚落与建筑

乡村生活资源大多能反映在聚落与乡土建筑上。聚落的肌理保护是田园综合体开发建设中需要重点关注的内容。在聚落更新时，应先梳理出聚落的传统布局方式，搜集当地文献资料，了解传统布局所具有的宗教理念或风水观等规划依据，进行实地调研，与当地住民交流，充分了解聚落资源所蕴含的精神内涵。

乡村聚落区别于城市聚落的主要特征是建筑材料的运用。我国南北乡土建筑多以砖木结构为主，并在历史的发展中形成各异的风格特色。乡土建筑的主要材料是生土、木材、竹和稻草，在进行住房改建或新建之时结合聚落特色，积极运用传统建筑材料，以增强景观的空间特征，保持历史的可识别性；同时运用当地的传统工艺及具有地方特色的施工工艺，更能使新建建筑有效地融入地域环境之中。

对于短期造访的游客，可以通过民宿改造或新建农家院落实现乡村聚落生活的体验。新建和改造住宅均应尊重原有的乡村风貌和聚落肌理，传承传统民居建筑的特色；考虑城市人群的生活方式及需求，辅助现代化的建造技术进行创新，将农耕、生态、健康与居住紧密结合，完善建筑配套设施，使新旧聚落建筑生动地融为一体。

③公共空间场所

对于非物质性资源的手工技艺、民俗、节事活动等，应规划相应的展示场所。如街道、广场、建筑等公共景观在进行规划或更新时都应当考虑手工技艺的传承形式，民俗、节事活动的开展及利用，通过提取文化符号，复现传统场景，对空间中的铺装、景观小品等景观细部进行设计，营造浸入式的旅游景观；同时还应科学预测客流量，利用景观的手段积极应对峰值变化，增强空间弹性，如在街道中使用可移动的绿化装置等。

另外，具有高度凝练当地文化功能的公共文化设施和文化场所，如图书馆、文化馆、博物馆、美术馆等场馆设施能够有效地作为乡村传统文化对外传播的窗口，其中既可以收集当地各类具有保存意义的实体文物作为传统生活景观展示的元素，又可以通过文创、"互联网+"等现代旅游形式为游客提供更为多元、更为深刻的乡村文化体验。

2.资源优化提升

乡村生活资源的优化提升策略主要针对乡村的原住民提出。田园综合体要坚持以人为本的建设原则，这一原则尤能在田园社区的建设中得以反映。在田园综合体的社区建设中，对于老旧的传统乡村社区应进行及时的基础设施建设更新。如公共卫生设施的建设需采用科学、生态的方法处理农村垃圾，建设生态沼气池，对人畜粪便进行再生利用，既能减少环境污染、改善卫生状况，还能缓解燃料、施肥等问题；对农村生活垃圾采取分类收集和集中处理的方式，根据环境条件、遵从人的行为特征进行垃圾站点布局。

村民公共活动空间的更新与增设是优化提升的一大要点。部分老旧的村落规划没有将住民的公共活动考虑在内，住民的公共活动空间呈现出"地少人多"的局面。在乡村生活资源的优化提升中，应根据村落出入口、主要街道分布及人流量等因素共同确定公共活动空间的空间布局与建设规模，以满足住民的生活需要。

住民生活环境中的道路要素是优化提升的一大要点。老旧的乡村道路多实行人车混行，且经常出现绿化带缺乏养护被车辆碾压，道路风貌残破等情况。乡村道路的景观提升应重点提升人行安全度及舒适度，依据村落具体情况考虑实行人车分离；根据道路宽度与道路功能选择适宜的行道树，恢复绿化带的景观、生态功能；提升道路的铺设质量，对于过于老旧的路面考虑更换更适宜的材质。

另外，不可忽视社区内防灾减灾的规划，田园社区的建设需周密考虑乡村可能存在的各种人工或自然灾害，合理布局防灾减灾用地，并结合功能进行区划；对于有必要的乡村地区采取风险评估，提前设置避难场地、逃生通道等。大规模新冠疫情的暴发，更是使得人们对于公共卫生设施建设尤为重视，为田园社区更新医疗设施和药品，配备应急救援站等公共卫生措施，也是今后田园综合体社区建设中应当重点考虑的问题。

三、乡村旅游IP资源开发思路

（一）精准化的文旅IP内涵提炼

一个吸引人的文旅IP应具备地方性、独特性、精准性等特点。凝练具有地方特色的文旅IP，应该对当地的历史文化和人文脉络进行梳理，结合历史故事、知名人物、文化遗址、风土民情和自然环境进行深度挖掘，寻找与众不同的地方基因，并与现代文明新风尚进行有机契合。

陕西省咸阳市礼泉县袁家村的诚信IP就是从农民和农村中发掘内涵打造的IP。游客去袁家村消费的不仅仅是有形的旅游产业链上的各类产品（农家乐、客栈、作坊、农副产品），更具吸引力的是农民的精神世界。袁家村党支部书记郭占武认为，袁家村IP的核心是做平台，把所有民俗、文化、餐饮等集中在这个大平台上，成为一个袁家村品牌，再向全国拓展。袁家村旅游的三大资源是田野、村庄和农民，而最具代表性的、最独特的资源是袁家村农民的诚信精神、时尚精神、质朴精神和厚道精神，将这些精神融入袁家村的旅游产品中，通过满足都市人下乡的乡愁、民俗和人情三种体验，创造出价值。

（二）主题化的文旅IP空间设计

在明确了文旅IP之后，紧扣主题，通过合理的空间布局，或构建天人合一的生态聚落，或构建野趣横生的田野风光，或打造彰显文化内涵的建筑和景观，并围绕IP主题，建设道路等公共设施，提供旅游配套服务等，打造一个能满足人们休闲、观光、体验和生活的空间环境。

《名侦探柯南》动漫作者青山刚昌的故乡北荣町借助这个大众喜爱的IP，围绕内涵化的主题空间设计，为大家呈现动漫梦境般的柯南小镇。柯南的身影遍布小镇的大街小巷，柯南机场、柯南大道、柯南大桥，连路标、指示牌、浮雕铜像、井盖也是以柯南为主题。不仅如此，当地政府在户口簿的证明书上也采用了柯南的形象设计。同时还推陈出新各种柯南活动，如发售柯南邮票、举办名侦探竞赛、开发一系列文创纪念品等。

（三）多元化的文旅IP产品模式开发

产品模式是文旅IP从资源端走向供给端最关键的环节，IP的吸附力和变现力通过产品模式进驻市场，最终产生经济效益并反哺文化的传承与弘扬。

运用丰富关联IP+创新文化传播+高水准产品战略，故宫IP被成功地打造为集历史与现代、文化与科技、传统与创新为一体的超级大IP。回顾它的养成之路，"故宫六子"产品模式功不可没。大阿哥是故宫淘宝，卖得一手好萌，坐拥500万粉丝；二阿哥是根正苗红的故宫出版社，书卷气浓，与世无争；三阿哥为故宫文创，口红气垫低调奢华；四阿哥乃故宫食品，俘虏资深吃货的心；

五阿哥以一档文创节目《上新了故宫》圈粉无数；六阿哥的故宫文具把艺术、传统和文化带进了日常的学习和生活。六大产品系列让600年的皇家IP焕发新生，通过线上带动线下、线下反哺线上，最终实现故宫让文物藏品更好地融入人们日常生活中，发挥其文化价值的目标。

对于旅游小镇和特色乡村而言，找到清晰的商业运作模式和激活制度创新非常重要，政府主导、民企引领、创业者为主体的产业生态目前而言是最具创新活力的。产品的具体载体可以是景区景点、活动策划、文创产品、地方风物、展示服务、体验活动、IP主题式线路设计、IP授权和IP衍生品等有形的和无形的商品和服务。产品的开发要紧扣IP，遵循存真、深挖、活化、延展的原则。

（四）市场化的文旅IP内容营销

营销是产品对接市场最核心的环节，这就要求旅游小镇和特色乡村在凝练完成文旅IP和产品后要以旅游消费者为中心，以市场需求为出发点，考量客源市场不同旅游者的兴趣偏好、决策习惯、思维方式、支付能力和价值取向等进行针对性营销。

熊本熊超级IP使熊本县从一个不起眼的农业大县成为游人如织的旅游大县，其独特的授权运营方式在振兴熊本县经济的同时创造了一系列IP衍生文创产品，延长了经济链条。熊本熊IP的成功运营就是通过多元化立体营销实现的，熊本熊被赋予了一系列拟人化的特征，其性别、生日、兴趣爱好等都被贴上了拟人化的标签，并被赋予了熊本县营业部长兼幸福部长的角色，成为日本第一位吉祥物公务员且拥有自己的办公室，它的职责就是向到访游客介绍美景、美食和特产。此外，它还积极参加公益活动，还因吃太多巧克力导致体重过重而拼命减肥。这些内容营销让熊本熊在短短2年内带来了12亿美元的经济效益，包括观光和产品销售。

（五）立体化的文旅IP产品销售渠道

渠道是营销中的重要环节，除了传统的线下平台，还可以利用线上数字化全媒体技术实现立体式IP产品营销。首先，依托权威的传统媒体平台进行主题IP营销，主要平台有地方的宣传部和文旅单位、主流门户网站、搜索引擎等；其次，利用成熟的社交媒体或旅游电商网络等平台，如携程、马蜂窝、驴妈妈等，在共同对等生产方式下，业余爱好者们在网络世界里进行知识的交流碰撞，通过在互联网平台自制发表文字、图片、音频、视频等内容实现用户生产内容，继而由专业人士创作完成路书、视频图片等，实现专业生产内容。最后，新兴自媒体平台如微信、微博、抖音、快手、贴吧等也将是IP流量粉丝的聚集地。

敦煌IP通过多渠道打造新一代超级IP。首先，敦煌博物馆拥有自己的新媒体内容运营团队，涵盖微博、微信、抖音、B站、知乎等，还设有文创账号、团队账号，从文化到艺术到娱乐全面涵盖；其次，《敦煌藏画》在今日头条、抖音平台联合上线，通过精品短视频+明星传播+文化传承打造敦煌IP；再次，文旅产品"公游敦煌"小程序上线，2个月的时间游览量即突破1200万人次；最后，敦煌研究院携手腾讯影业和腾讯动漫联合出品敦煌动画剧，除了有由《九色鹿》改编的《神鹿与告密者》，还有《太子出海寻珠记》《谁才是乐队C位》等。

参考文献

［1］孙丽坤．民族地区文化旅游产业可持续发展：理论与案例[M]．北京：中国环境科学出版社，2011．

［2］罗良伟，等．民族地区文化与旅游产业融合发展研究[M]．长春：吉林大学出版社，2013．

［3］李锋．文化产业与旅游产业的融合与创新发展研究[M]．北京：中国环境科学出版社，2014．

［4］张宏梅，赵忠仲．文化旅游产业概论[M]．合肥：中国科学技术大学出版社，2015．

［5］陈卓，等．河北特色文化与创意旅游产业融合发展研究[M]．石家庄：河北美术出版社，2015．

［6］窦开龙，等．西北地区民族文化旅游产业发展模式研究[M]．兰州：甘肃文化出版社，2015．

［7］尹华光，姚云贵，熊隆友．旅游产业与文化产业融合发展研究[M]．北京：中国书籍出版社，2017．

［8］陆虫喆．中国文化旅游的多维研究[M]．北京：中国商务出版社，2016．

［9］贾银忠．西南民族地区历史文化与旅游经济发展研究[M]．北京：民族出版社，2018．

［10］潘海岚，等．西南民族地区文化产业与旅游产业融合发展研究[M]．北京：民族出版社，2018．

［11］佘曙初．区域文化资源与旅游产业经济协同发展研究[M]．北京：经济日报出版社，2019．

［12］汪艳，程鹏，方微．新型城市化下旅游与文化产业融合研究[M]．南京：河海大学出版社，2019．

［13］梁学成. 文化旅游产业与城市建设融合发展模式研究[M]. 北京：中国社会科学出版社，2019.

［14］陈家闯，孔维龙. 国内外文化旅游产业融合发展的成功经验及启示[J]. 产业创新研究，2020（22）：128-129.

［15］王乐. 浅谈民族体育文化和旅游业融合发展新思路[J]. 当代体育科技，2020，10（31）：20-22.

［16］林赟. 文化旅游活动组织管理存在的问题与对策[J]. 产业与科技论坛，2020，19（21）：203-205.

［17］胡娜. 旅游文化的特点及其在旅游业中的作用[J]. 江西电力职业技术学院学报，2020，33（10）：156-157，160.